海淀村镇记忆丛书

马甸村史话

王德福·著

中国社会科学出版社

图书在版编目（CIP）数据

马甸村史话 / 王德福著. — 北京：中国社会科学
出版社，2017.10
（海淀村镇记忆丛书）
ISBN 978-7-5203-0114-5

Ⅰ.①马…　Ⅱ.①王…　Ⅲ.①村史－海淀区　Ⅳ.
①K291.5

中国版本图书馆CIP数据核字（2017）第067783号

出　版　人	赵剑英	
责 任 编 辑	凌金良	
责 任 校 对	周　昊	
责 任 印 制	张雪娇	
出　　　版	中国社会科学出版社	
社　　　址	北京鼓楼西大街甲158号	
邮　　　编	100720	
网　　　址	http://www.csspw.cn	
发 行 部	010-84083685	
门 市 部	010-84029450	
经　　　销	新华书店及其他书店	
印刷装订	北京博丰印务有限公司	
版　　　次	2017年10月第1版	
印　　　次	2017年10月第1次印刷	
开　　　本	710×1000　1 / 16	
印　　　张	15.5	
插　　　页	6	
字　　　数	266千字	
定　　　价	68.00元	

健德门遗址旁的气象铁塔

马甸旁边的北土城，虽经700多年的风雨和多次战争，仍保存得比较完好 （2015年摄）

马甸北边小月河上的白石桥，1949年时，在这里曾建有一座木桥（2015年摄）

健德门遗址西侧的土城小道，这条小道在1949年以前就已经存在了

土城顶部的人行小道和马面遗址，图中左边向外延伸的部分是当年城墙的马面（2015年摄）

后黑寺东配殿重建后

北土城牤牛桥豁口遗址，现已被填上土（2015年摄）

牤牛桥豁口西侧的仿古建筑——听蝉轩

马甸附近翻越土城的小路（2015年摄）

马甸公园大门

马甸公园内的标准跑道

马甸公园内的儿童乐园

马甸清真寺的礼拜大殿

马甸清真寺内的月亮门

马甸清真寺内的两通古石碑，虽比邻而立，却高低分明

马甸清真寺的古门楼

双秀公园东大门，公园建立前，这里是中山林场的一部分

《海淀村镇记忆丛书》总序

海淀区地处北京市的上风上水，水山形胜、人杰地灵，自然和人文的特色资源丰富。依出土文物考证，距今5000年左右，海淀一带就已有人类文明的踪迹。辽、金、元、明时期，海淀乃畿辅之地；在清代，海淀更是紫禁城外的另一全国政务中心。

历史的车轮滚滚向前，海淀始终站在历史舞台的前沿：抗战时期著名的一二·九运动；解放后中共中央入驻香山筹建新中国；中华人民共和国建立后成为科研文教区；改革开放初期建成"中关村"，开全国科技创新之先河。当前，海淀区在党的十九大精神的鼓舞下，在习近平新时代中国特色社会主义思想指引下，正在聚焦中关村科学城，加快全国科技创新中心核心区建设，海淀区人民将更加奋发有为的推进海淀新时代新发展，为建设国际一流和谐宜居之都做出更大的贡献。

对于安土重迁、满怀家国情怀的中国人来说，故乡是一个魂牵梦萦的地方，祖祖辈辈生于斯长于斯，村镇就是我们生命的底色和成长的摇篮。但在快速的城市化过程中，作为"乡之首，城之尾"的村镇逐渐被日益崛起的大都市淹没了光彩：老海淀镇拆迁改造为中关村西区，山后地区的大批农民腾退上楼……以前司空见惯的小巷窄街扩建为综合大道；以前习以为常的胡同小院建设成高堂广厦；以前充耳不闻的鸡鸣狗吠更替为马达轰鸣。老乡亲一个个的流散，老物什一件件的消失，老传统一点点的演变。曾经的街坊、农忙、麦浪、稻香成为了人们心灵深处的记忆，成为了文人嵌套在方格块字中的点点记忆、满溢出字里行间的丝丝乡愁。

当前新型城镇化进程中发生的巨变，在基层社会的乡镇、村落、家庭领域中显得更为深刻。"国有史，邑有志"，村镇史、村镇志作为最能反映中国社会发展变迁的国情、地情的记录文本，担当起留住乡愁、传承文化血脉的职责，体现出人文关怀和落实文化保护的决心，乃村镇史志书籍的题中之义。

《海淀村镇记忆丛书》从记录海淀的山山水水、历史文化、风土人情着眼，以全面反映各村镇的社会历史概貌为落脚点，记述各村镇房屋建筑、街道胡同、市廛商贾的发展变迁，记录普通百姓的日常生活及名人事迹，真实再现各个历史阶段的乡风民俗，传承乡土意识，以期及时保护乡土历史文化，亦为今后探索城镇化发展规律积累经验并提供基本素材。

　　留住乡愁，记住乡思。我们期望并相信，《海淀村镇记忆丛书》能为您了解海淀、认识海淀、热爱海淀、建设海淀提供帮助。

《海淀村镇记忆丛书》编委会

2017年10月

前言

马甸村位于北京德胜门外，元大都健德门内。这两座城门在京城北方偏西，方位属"乾"。在传统文化中，"乾"为"开门"，有万物开始之意，为大吉大利之门。

《易经·乾卦》说："天行健，君子以自强不息"，又说："见龙在田，德施普也。"健德门取其"健""德"二字，由此定名。

马甸村得此灵气，其兴勃焉。几百年来，村民辛勤劳作，生生不息，使其在长时间内享誉京北。

马甸村是一个古老的村庄。这个村庄是随着羊只和马匹的交易而出现的，并由此兴旺发达。由于北京市场的羊肉都是由马甸供应的，市民们曾形容说："马甸无羊，市场无肉。"

马甸从事羊只交易的商业实体叫作"羊行"。羊行的商业经营模式与众不同。马甸后来又因为羊只买卖的结束而归于沉寂。

马甸是一个回族聚集的村庄，其风俗习惯、语言使用、教育方法等都独具特色。

马甸的清真寺是清朝康熙年间所建，历史悠久。马甸还有两座黑寺喇嘛庙。两座庙都与清朝皇室有关。前黑寺是一位王爷所建，得到康熙皇帝的支持。后黑寺是清朝顺治皇帝恩准为察罕活佛建立的。察罕活佛是灵童转世制。后黑寺在二百多年里供养过八位察罕活佛。

马甸黑寺的打鬼活动曾经吸引北京成千上万的人观赏。

本书把有关马甸村的资料组织起来，再现马甸曾经的故事，希望读者能够通过本书对马甸村的历史有一个大概的了解。

目录

概述

马甸原来是北京德胜门外的一个回族聚集的村庄，它位于元朝大都土城之内。马甸正南约四里是德胜门，村北紧靠土城的健德门。现在，马甸归海淀区管辖，其位置在海淀区东南角，属于海淀区花园路社区。

自古以来，马甸就是出入北京城的交通要道，从德胜门到长城外的古道就从村中穿过。这条古道从明朝初年的1371年到新中国成立之后的1953年，共存在和使用了五百八十二年。马甸的原始村落就分布在这条古道两侧。随着马甸日渐繁荣，村落逐渐向两翼发展。到解放初期时，已经是一个很大的村镇。现在马甸立交桥的东侧和南侧都有很大一部分属于当时的马甸村，但现在它们已经不属于海淀区了。属于海淀区的部分是在马甸立交桥的西北角，往东，隔着京藏公路是西城区，往南，隔着北三环也是西城区。

马甸原来的主要街道及绝大部分建筑都位于海淀区境内。

马甸村的位置在元朝时是在大都城内。1368年，明朝军队攻占北京，元朝灭亡。三年后，明朝把北城墙向南移动五里，并在健德门正南建德胜门，同时拆毁了健德门及其内侧的所有元朝的政府建筑。但是，从德胜门到长城外的道路仍然过健德门往北，沿用元朝时的道路。马甸这块地方既是交通要道，又离城关很近，这就为马甸村的形成提供了条件。

传说马甸村的形成是在明朝。明朝时，我国西北、蒙古等地都要向朝廷进贡马匹。在朝廷接收之前，许多马匹要在马甸圈养一段时间，以恢复体力。进贡多余的马匹就在这里卖掉。马甸村早期，村里的主要商号都是马店。由此，这个村子就有了最初的名字——马店。

有关马甸村成村的文字记载，可以从马甸清真寺内建于道光三十年（1850年）的古碑上看到。古碑上说，马甸清真寺建于清代康熙年间。也就是说，在清朝初年，马甸村已经形成。

随着马甸马匹和牛羊的买卖不断兴旺，我国西北地区的穆斯林群众追随着牛羊的买卖来到马甸并居住下来，马甸逐渐形成回族聚集区。马甸的回族群众，其祖上多来自陕西。后来几百年间，也有来自山东、河北等地的。

马甸村的出现是因为商业的需要，数百年来，马甸村也一直是一个商业化的村庄。

马甸初期，从西北来的马匹、骆驼、牛、羊都在马甸进行交易。随着时间的推移，交易内容渐渐有了变化。到清朝道光年间，马甸的马匹交易大都转移到德胜门外关厢。再后来，牛的交易移到其他地方，骆驼的交易不断萎缩，而羊的交易在马甸站稳了脚跟，并不断兴旺发达，马甸的商号大都改为羊店。但从马甸清真寺古碑背面的记载看，马甸仍然有马店及马匹的交易。

出现这种变化的内在原因是，由于马甸的回民主要来自陕西，而我国西北地区的穆斯林与羊的放牧、羊的交易有着天然的联系。

马甸原来叫"马店"。其出处有三：一、村里流传下来的说法。二、马甸清真寺内有一通石碑，是清代道光年间所立。碑上刻写的是："重修京都德胜门外马店礼拜寺碑记。"三、在早期的北京市城郊地图中这个村子被标注为"马店"。

之所以叫"马店"，是因为马甸早期，村里的主要商号都是马店，这些马店经营马匹的喂养和贸易，所以附近的人都管这个村子叫"马店"。

也有一些马甸的乡老坚持说，之所以叫"马店"是因为当时在这里开店的老板大都姓马，外人顺口就叫马店。就跟"刘家店""高家店"的叫法一样。

但这些老人都不否认马甸有马匹交易的市场，并且马甸的马匹交易曾经非常兴旺。

马甸处于京城之北，位置十分重要。在明朝和清朝，马甸附近都有朝廷的驻军和训练场。明朝时，马甸村西有五军营，村东有团营；清朝时，马甸南边有正黄旗军营及军队教场。这些都有史可查。

军队是进贡马匹的主要使用者。这样看来，马甸早期，在马甸接收进贡的马匹和存在马匹市场就有点顺理成章了。

"马店"这个名字用了很长时间，直到民国初年，才改为"马甸"。据说，民国初年的北京政府认为域内许多地名的文字不雅，决定将这些不雅的文字按其谐音改过。

马甸改为现在的写法虽是民国初年的事，但在哪一年改的不能确认。笔者见到的最早的政府正式对马甸的新写法是1921年的一份文件。那一年，马甸清真寺成立小学，由老舍考察并上报，由北京市政府学务局于1921年10月19日立案批准小学成立。定校名为"京师北郊马甸清真教国民学校"。这份文件现保存在北京市档案馆。（见第76页影印件）

解放初期，在马甸村周边分布有好几个村庄。其中有三个村庄离马甸最近，距离都不到一里：位于南边的村子叫"官厅"，有四十几户人家；西边的村子叫"西村"有一百六十几户人家；从西村往西北，出土城的牦牛桥豁口，有牦牛桥和塔院等明朝的古迹；北边的村子叫"小关"，有二十几户人家。这三个村子的劳动力大

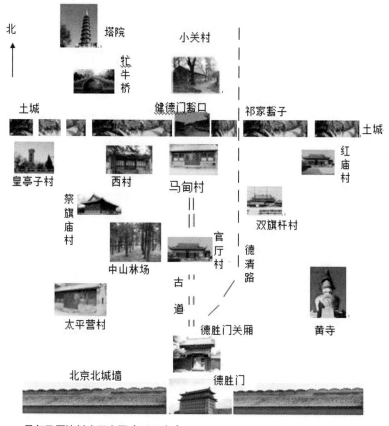

马甸及周边村庄示意图（1949年）

部分都在马甸的羊行里谋生。

在马甸东偏南一里多地有一个村子叫"双旗杆"。据说这里原来有一座建筑叫"什方院"，在这什方院门前立有两根旗杆，村子因而得名。这双旗杆村是马甸去安定门的必经之路；顺双旗杆村再往东南不远是著名的喇嘛庙——黄寺；马甸东偏北有一个村子叫红庙村，是原明朝军营"团营"所在地。从红庙村往东走几里地有几个砖窑，马甸村民用砖大都经过红庙村去砖窑。砖窑在地面取土，形成几亩地的深坑，解放初期，那些大坑里都积满了雨水。马甸西南一里多地有一个村子叫"太平营"，是原清朝正黄旗军营所在地。太平营东边是北京第二监狱，解放初期关押着国民党战犯。马甸村西偏南一里多地有"祭旗庙村"。这是一个比较大的村庄，明朝时是"五军营"祭祀军旗的地方。明朝时，在那里建了一座庙宇，用来祭祀军旗。这座庙宇在20世纪初就已经倒塌了，但直到解放前仍然有遗址存在，遗址上有不少大树和砖瓦废墟。祭旗庙村在1951年就被国家占用了，在那里建设了国家军委测绘局和测绘学院。祭旗庙村的许多村民后来都搬到了马甸。在祭旗庙村西北有皇亭子村。

这几个比较远的村子与马甸的关系是互通有无的生意伙伴关系。粮食商人把周边农民的粮食卖到马甸，周边的农民又从马甸买走羊粪作为田里的肥料。

马甸所处的位置在地形上属于平原地区。其高度在海拔40—50米。马甸和海淀区的大部分平原地区一样，是古永定河冲积所成的平原。据地质学家研究，北京的西山和燕山是在约7000万年前隆起形成的。这在地质学上称为"燕山造山运动"。在燕山造山运动的同时，北京东南地区的地层出现很多断裂，并依次向东南倾斜。这些断裂有许多是地堑式断裂。有些地堑深达300米。古永定河从山里流出后，不能越过八宝山隆起，就顺着山前洼地向北流动，所经之地，就是现在的海淀区山前一带。然后，河道逐渐向东、向南滚动，这就给海淀区留下了许多湖泊、湿地，以及丰富的水源。这一时期是第三纪和第四纪早期，距今约6000万年至78万年前。

经过古永定河的冲积，北京东南部的地堑大致被填平。后来，古永定河河床被泥沙垫高，八宝山的隆起不能再阻挡它，永定河出山后开始向东南流。大致就是现在的河道。此后，海淀区山前山后一带慢慢又孕育出其他的河流。其中有一条河从西山发源，流经马甸，从现在的马甸民族小学穿过。其流淌的时间应不少于一万年。这条河最终被堆积物淤塞，被黄土覆盖，上面的黄土约一米厚。后来，从地表面已看不出河的痕迹。

这条河存在的时间约是在地质时代的全新世（1.17万—○万年前）。这条河消失的时间距现在至少有几千年了。

因此，马甸村地下水曾经非常丰富。

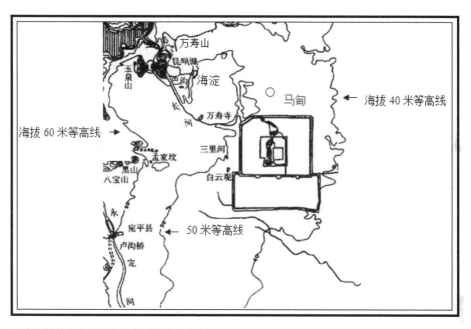

马甸村地势高度在海拔40米到海拔50米之间

第一章　建置沿革

第一节　元、明、清时的隶属沿革

元朝时，马甸村虽然还不存在，但其后来成村的位置在元朝都城内，属于元朝都城的"可封坊"。"坊"是元朝大都城内的行政单元，大小与现在北京的"街道"差不多。

当时大都北城从西土城往东，行政单位依次是怀远坊、乾宁坊、清远坊、可封坊、善俗坊、平在坊等。

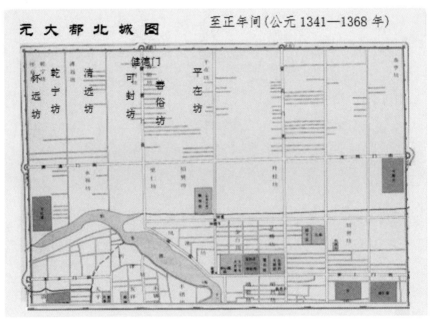

元朝时马甸村的位置属可封坊管辖

据记载，元朝大都城内，有钱人都居住在皇城附近，其北城多住穷人，且居民稀少。可封坊在健德门内，马甸所在位置应该有城关内的街道、客栈、商铺、居民等。有记载说，元朝至顺年间（1330—1331年）健德门外关厢一带有住户一千五百户上下（《元文史》卷41），由此推测，健德门关内也会有一定数量的住户，但不会太多。因为根据元朝的规定，健德门外的住户有战争防御的性质，必须达到一定的数量，城关内则不然。

明朝推翻元朝后，将北城墙南移五里。不久，明朝将健德门拆毁，同时将健德门内外所有元朝政府部门的建筑也都拆毁。原来健德门内外的客栈，商铺都搬到德胜门，健德门外关厢和关内街道随即衰败。但是，由于北京出德胜门到长城外的道路仍然经过健德门豁口，北来的马匹和羊只买卖在健德门豁口内逐渐形成市场，由此，马甸村也开始出现。村子处于北京北城墙外，是为近郊，属顺天府宛平县管辖。

清朝前期，沿袭明制，马甸仍属顺天府宛平县管辖。清朝中后期马甸虽仍属宛平县，但归"城属"区管辖，由北城御史直接管理。宛平县"城属"区下设兵马司，兵马司下设"坊"和"铺"。马甸属北城兵马司的灵中坊，外城第二铺。

第二节　民国时的隶属沿革

民国初期，1911年至1924年，马甸归北京宛平县"城属"区管辖，由步军统领衙门管理，属北郊第一区。下图是1915年出版的北京地图，这里取用马甸附近的一部分。其中红线以西是北郊第一区，红线以东是北郊第二区。

在这一时期的前段，北郊设置"京师北郊自治议事会"，马甸村的沙溥、白宗诚是该自治议事会议员。

1921年前后，马甸村设置村正、村副各一员。村正叫马树声，村副叫马振声。马甸村的治安由村保卫团负责，归村正领导。保卫团员称为"团丁"，保卫团配有枪支。

1924年，撤裁步军统领衙门，由京师警察厅接管四郊，设东郊区、西郊区、南郊区、北郊区，各置警察署。马甸属北郊区，有时又叫"城北区"，归京师警察厅北郊区警察署管理。

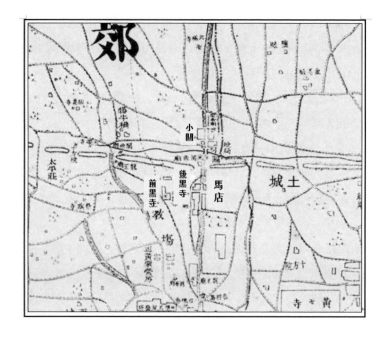

1915年马甸村地图

本图取自《实测京师四郊地图》。该图是在民国四年（1915年）由内务部职方司测绘处测绘并出版的。因原图地名不够清晰，这里把"马店"等几个地名重新写过。

1928年6月，国民党的"北伐军"进占北京，改北京为北平，设北平特别市，京师警察厅改为北平特别市公安局。自此，宛平、大兴两县辖域内的原"城属"地区的大部分正式从两县划出，成为北平特别市区域。宛平、昌平等县划归河北省，同时市政府把全市划为15个区（内城6，外城5，郊区4），郊区分为东郊、西郊、南郊、北郊区。马甸此时划归河北省宛平县。（见北京档案馆，档案号11—1—390）

1930年至1937年，马甸划归北平特别市北郊区。又称第十五区。

1937年至1945年日伪时期，马甸归北郊区管理。

1945年日本投降，9月国民党占领北京，1945年12月6日，北平市政府下令，北郊区定名为十六区，从1945年12月至1947年，马甸归北平特别行政区十六区管辖。（又称北郊区）

1947年3月至1949年，马甸被划入十九区管辖（又称郊七区）。

第三节　1949年后的隶属沿革

1949年1月31日，北京和平解放。

1949年4月，北平市人民政府明令废除保甲制度，陆续建立街、乡、村人民政府。

1949年7月3日，原十九、二十区合并为新的十七区，马甸被划入十七区管辖。

1949年9月21日至30日，政治协商会议第一届全体会议在北平举行。会间，改北平名为北京。

1950年8月1日至1952年9月，北京市调整市辖行政区划，第十七区改名为第十四区，马甸村属于十四区管辖。根据《海淀史志》2012年第四期记载，当时十四区区长叫郭裴然，是抗日战争就参加八路军的老革命。

1952年9月1日，第十四区撤销，海淀区政府成立。十四区的十五个村镇并入海淀区。马甸划归海淀区管辖。当时海淀区共辖有86个村（街、镇），马甸村是其中之一。那时，行政上马甸村包括附近的西村、官厅、马甸居民区。

1952年9月至1953年5月，马甸村的村长是马文斌。

1953年5月设立马甸乡，马甸乡政府设在马甸前街路东16号大院，由海淀区直接领导。马甸乡建制存在了三年多的时间。

在这期间，从1953年5月至1954年6月马甸乡政府的乡长是马文斌兼任乡党支部书记，治安保卫委员会主任是王宝镜，副主任是李茅，生产建设委员会主任是张世荣，民政委员会主任是丁秀清。财政经济委员会主任是许振声，文教卫生委员会主任是路泉。

1954年6月至1956年12月，马甸乡政府的乡长由许振声担任。马文斌改任副乡长。

1956年12月，马甸乡并入索家坟乡后，索家坟乡的乡长是索振嶦，马文斌任索家坟乡副乡长。

1957年5月，海淀区撤销索家坟乡，改为北太平庄街道。马甸归北太平庄街道管辖。

1958年8月，海淀区实现人民公社化。由大钟寺乡、五道口乡、北太平庄街道及其农业生产合作社合并成立东升人民公社。人民公社既是生产组织，又是基层政权组织。原有的街道办事处等行政建制和机构都并入了公社。公社下设生产大队，也是政经合一，具有基层政权组织的性质。原来的北太平庄街道改为北太平庄生产大队。马甸村的城市居民和农民都归北太平庄生产大队管理。

1959年11月，海淀区重新建立北太平庄街道，负责辖区内城镇和非农业人口的管理。这时候的北太平庄街道是东升人民公社下属的居民工作部门。马甸村的行政管理分为两部分，马甸的农民归北太平庄生产大队管，马甸的城镇居民归北太平庄街道管。

1963年，北太平庄街道从东升公社分离出来，归海淀区政府管辖。马甸的农民和城镇居民仍被分开管理。

1981年6月，北京市政府征用东升公社北太平庄大队马甸生产队全部土地，约330亩，其中耕地180亩，非耕地150亩。社员246户，675人转为城镇居民户口。

至此，马甸不再有农业户口，全体居民都归北太平庄街道管辖。

2000年3月，成立花园路街道，其辖区由北太平庄街道和学院路街道各分出一部分区域，划归花园路街道管辖。马甸归属花园路街道至今。

第二章

街道布局和人口

第一节　街道

新中国成立时，马甸有三条街，分别叫做"前街""东后街"和"西后街"，三条街都是南北走向。有八条胡同，大致是东西向，胡同把三条街连在一起。马甸的主要大街是一条古道，又称为"前街"。著名的马甸清真寺就坐落在前街西侧。这条古道是北京到长城外的交通要道。这条道从德胜门出来后经过马甸，穿健德门，过清河、南口、居庸关，再往北到内蒙古草原。

这条古道与两翼的地面有几米的落差，在官厅一带，古道比两翼的地面低四米多，就像一条沟壑。这是几百年来人类行走和大车碾压形成的。古道穿过马甸村时落差变小，但也有两米多。

马甸的所有建筑，都建在古道两翼的台地上。也就是说，在建造清真寺和其他建筑时，古道的高差已经形成。

马甸前街是一个很标准的街道，是很正规的南北向街道。这条街道的东西两侧有很多牛羊店、大车店、饭馆、肉铺和杂货店。

马甸村民除了一部分住在前街的店铺内，大部分住在东后街和西后街以及各个胡同内。

马甸前街门牌序号按街东、街西分开排列。先排街东，从1号开始，由南往北，到最北头，再排街西，由北往南。根据1947年的统计，前街的门牌号数到72号结束。

马甸东后街和西后街的门牌序号都各自编号，互不连接。马甸村有几个有名称的胡同，门牌序号也是各自编号。马甸还有几个没有名称的胡同，其门牌号数与前街一起排。

1947年，马甸村门牌号数独立计算的街道和胡同有：马甸前街、东后街、西后街、义学胡同、沟嘴胡同、堂子胡同、礼拜寺胡同、后黑寺、马神庙等九个单元。

1947年6月至8月，国民政府在马甸进行户口统计，时有店铺十五家，其中牛羊店十家、饭铺二家、杂货店二家、牛羊肉铺一家。

前街1号是一个比较大的院子，里边住了好几家人。2号到4号之间是一片凹地。

4号和11号之间有一条通往东后街的胡同，没有正式的名字。因为在解放初期，马甸小学的少先队员曾经定期在那里打扫卫生，1956年前后曾有人提议叫"红领巾胡同"，但没有下文。这条胡同内，在1928年时，曾经驻有"北平特别市政府财政局马甸牙税稽征分所"，负责征收马甸商业税，具体门牌号数已经弄不清。在"牙税稽征分所"斜对面驻有马甸派出所。马甸乡老们回忆说，"税所"的院子坐北朝南，在税所门前有一个大影壁。我小时候见过这所院子，影壁还在，不过"税所"早已取消，院里住了几个普通人家。

穿过这个胡同就到了东后街。东后街门牌号另计。东后街11号住着吴荫亭一家，吴荫亭经营着一片菜园，人们都叫"吴家菜园"。东后街16号住着丁阿訇一家。丁阿訇家宅院坐北向南，门前有两棵很粗的槐树，据说有三百多年的树龄了。阿訇家院里有几间北房，有前院和后院，是一个很大的院子。

马甸前街甲13号是一家牛羊店，叫"万顺店"，老板叫刘宜之。往北13号也是一家羊店，叫"长福牛羊店"，老板叫何祥瑞。这是一家比较大的店，雇有九个伙计。

13号北边是一条通往东后街的胡同，胡同没有名字。穿过这个胡同可以到东后街一所很规矩的四合院。1958年人民公社时，马甸生产队的集体食堂就设在这个四合院内。

再往北是16号。这是一个中等大的院子。1953年5月至1956年12月，海淀区设立马甸乡，归海淀区直接领导。乡政府当时就驻在16号院内。马甸乡存在了有三年多的时间。

我印象中，那时16号大院有一个门楼，两扇木质黑漆大门，黑漆已经有许多剥落，露出淡黄的木头的本色。门总是大开的，人们进进出出。门内的院子并不是很宽，一进门靠左手一溜儿有五六间北房，房前是院子。再往东走，里边好像还有一个小院，小院我没有进去过。记得有一次我听我的一个邻居当众说，他外出丢了钥匙，家里的所有钥匙都在一起丢了。他以为找不回来了。后来他去乡政府办事，他看见他的钥匙挂在北房窗前的柱子上。乡里的办事员对他说，是村里人在路上捡到送往乡政府的。这位邻居跟大家说："现在真是好，人家捡了东西会送到乡政府去。"

甲19号是一家杂货铺，掌柜叫穆玉龙，卖日常生活用品。我小时候常去这家商店买东西。这家店铺在1956年公司合营时因为"合营并店"而关闭了。

20号是源盛牛羊店。老板金福氏。金老板的宅院在堂子胡同1号。这是一个很紧凑的四合院，北房三间，南房三间，东厢房和西厢房各两间。院子里方砖铺地。

甲20号是同盛牛羊店，老板叫刘文涛。

27号是一家马姓住户。住户院墙北边是义学胡同。因为以前在胡同北侧曾办有义学，人们就以"义学"命名了这个胡同。胡同北侧在解放初期时住有两户人家：靠东的一家姓安，门口有一个碾子；靠西的一个院子，就是原来的义学，后来也住上了人家。

义学胡同是一条大道，村里的车辆上"德清路"大都从这个胡同走。在义学胡同口过街的地方修有一座木头的大桥。桥下是前街的水沟。这条大路从马甸屠宰场北边过，到后黑寺和西村，是解放前后村里一条主要东西向大道。

义学胡同往北还有不少住宅。

以上是马甸前街的东侧。

西侧门牌号数从北往南数。

44号是一家面馆，叫"和宜馆"，老板叫夏文保。这是马甸乃至德胜门外一家很有名气的饭馆。44号北侧还有一个院子，解放后，马甸供销合作社占用了这个院子，一直到马甸拆迁。马甸供销合作社在那个时期为马甸居民提供了各种各样的商品。

48号是永和牛羊店，老板叫马国玺，有伙计九人。永和店后侧临西后街是马甸屠宰场。

同达牛羊店在"沟嘴胡同"南侧，门牌是50号。

同达店是一家很大的羊行。老板马育兰是马甸商界一位很有名的人物。

南边甲50号是一家烧饼店，也卖面条、炒菜，叫"永振兴"饭馆。掌柜的叫张永亮，张掌柜解放时已经有七十多岁了。他中等个头，瘦瘦的身材，留着一把山羊胡子，胡子已经全白了，但是很精神的样子。那时，店里的事情已经由他大儿子打点，他自己则经常戴着眼镜，在柜台上敲打着算盘。来饭馆吃饭的大都是老顾客。客人走进饭馆，掌柜的会满脸笑容地迎上去："呦！您来啦，今儿吃点什么？"客人说："掌柜的，来一斤面。"很快，你会听到厨间传出擀面杖敲击案板的声音。厨师擀两下面会将面团换一个方向，以使面擀得均匀。这时他就用面杖的两端击打面板，清脆而有节奏。由于擀得快，你好像听见擀面杖的敲击声就像鼓点一样连续不断。如果客人吃米饭炒菜，你立刻会听到快速的跑刀儿的声音以及炒铲碰击炒勺的声音——叮当叮当，就像是庙宇的风铃一样悦耳。这些声音不大不小，合在一起，显得忙碌而有序。这声音对于等饭的客人是一种享受，他会欣赏这种声音并想象他的饭菜一定很香。

52号是牛羊肉铺，叫"庆陞号"，掌柜姓常名庆。

53号是德华牛羊店。老板叫张善臣，雇有五个伙计。

57号是赵家小铺，名号叫"瑞陞号"。掌柜的叫赵岩。小铺卖些生活用品，一间房的门面。小铺南是"堂子胡同"。这条胡同通往西后街，因为在村子中部，前街及东后街的许多小学生上马甸小学都走这条胡同。

58号是万顺成牛羊店。老板叫刘诚，雇有七名伙计。再往南是礼拜寺胡同。胡同通往西后街。胡同两侧有许多住宅。

礼拜寺胡同门牌号另计。礼拜寺胡同1号是一家牛羊店。叫"恒益牛羊店"。老板叫马廷奉，有伙计七人。马廷奉在马甸是一位名人，回族。经名叫尤素福。他有很好的文化素养，写一手好字。马廷奉曾做马甸清真寺管理委员会主任，清真寺内1995年所立碑的碑文就是由他书写的。

62号是马甸清真寺。清真寺往南还有一片住宅。63号住有王桐阿訇一家。村子最南的一个院子是72号院，住有马芳、李富、侯子才等几户人家。

马甸的东后街和西后街没有很成型的街道，只是分布着许多院落和一些小店铺。

马甸的胡同比较大的有八条。这些胡同有的有名字，有的没有名字。有名字的胡同是四条，分别是义学胡同、沟嘴胡同、堂子胡同和礼拜寺胡同。

义学胡同名字的来源是因为在清朝末期和民国初期，在这个胡同里办有义学，所以人们就叫它"义学胡同"。在马甸所有的胡同里，这条胡同最宽，能并排放三辆大车。

沟嘴胡同的名字应该与后街的大水坑有关。这个水坑在马甸屠宰场和后黑寺之间，有三亩地大小。水坑呈不规则的圆形。水坑在其东南部有一个小湾伸向沟嘴胡同西口，像个禽鸟的嘴，人们就给这个胡同起名叫"沟嘴胡同"。沟嘴胡同也是一个比较宽的胡同。前街羊店的羊群到后街来，尤其是到屠宰场去都是经过这个胡同。

堂子胡同的名字源于清真女寺。民国初期，堂子胡同里有一座清真女寺。女寺不像清真寺那样有礼拜大殿，只能使用房屋作为礼拜堂所。由于胡同内有这个堂所，这个胡同就叫做"堂子胡同"。

礼拜寺胡同位于礼拜寺（清真寺）之北，紧挨着礼拜寺。所以这个胡同就有了自己的名字。

在1915年民国政府出版的一份地图上，马甸后黑寺东墙外有一座马神庙，这是一座小庙，据说在抗日战争时就不存在了。但直到解放前马神庙的地名还在，遗址也在。遗址上有几棵很粗的大树。解放前后，在马神庙废墟上住了几家人。1947年统计户口时，这马神庙门牌号数另记，当时有两个门牌号、四家人，两家是回族，另两家是汉族。其中一家姓聂，汉族。这是一家老住户，在这里种了一片菜园，菜地里有一口大井。有一次，他家的水罐掉到井里后，顺着地下泉水，从马神庙漂流到礼拜寺的井里。

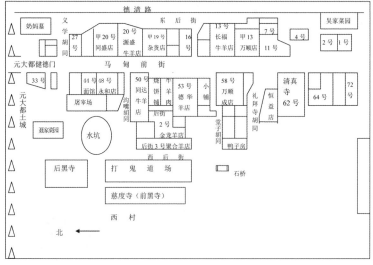

1947年时马甸村街道示意图

马甸的民居大都是四合院式建筑。富有的人家常常有两进院落。大门口装有石门墩。这些石门墩有的是石狮子，也有的是石鼓，大都雕刻得很精细，有许多石墩上还刻有各式装饰图案。

第二节　人口

1947年，国民政府统计户口时，马甸村共有226户，1035人。其中男性616人，女性419人。

当时，马甸居民从事的职业有羊行、马行、商贩、佣工、鸡鸭行、果行、皮匠、剃头匠、勤行、小生理等，其中羊行占95%。"勤行"即餐饮业，"小生理"是工作内容不固定的工作。另外，商业中，有些人是在城里工作而家住马甸，这反映了近郭村庄的特点。从事农业的只有10个人，且大都是汉族人（226户中，只有1户回民做农业）。可见，马甸是一个商业村庄，商业在马甸居民生活中占有非常重要的地位，这与一般农村有很大的不同。

当时的统计，在宗教一栏中，只分回教和佛教，回族占75%。汉、满、蒙、藏等都被归入信佛教的一类中，占25%。

马甸是一个回族聚集的村庄，其信仰、教育、民俗、语言等都与其他村庄有很大的不同。居住在马甸的各民族群众都能和睦相处，其民风和谐淳朴。

第三章

商业

马甸村过去是一个商业化的村庄。

1947年，国民政府统计户口时，马甸村共有226户，1035人。劳动力348人。其中，从事商业和服务业的315人，占劳动力人口的91%。从事农业的只有10个人，占3%。

这种商业化特点已经持续几百年了。

第一节　商业的内容和形式

马甸清真寺内大殿南侧有一通石碑，碑上简要记述了马甸回民从事羊只贸易的状况：

> 马甸位置，在元之大都夯墙里侧，明清北京砖垣郊外，正当北出京都之古今正道，南接繁华人间都会，北连绵延百里平原。昌平路上，烟树不断，行至南口，燕山次第耸起，遮蔽坝上茫茫牧地。塞外严寒，赢羊难度，马甸回民不避劳苦求之，风餐露宿赶回，厩养野牧之畜，使之存活渐壮。间有微薄所得，生计即在其中。是为羊行。

这是说，马甸回民在北方草原买了羊，徒步赶回，然后圈养一段时间，使经过长途跋涉的羊恢复活力，变得肥壮，然后出卖。经营这种买卖的商号叫做羊行。

北京档案馆有一份1929年的资料，在这份资料里，马甸的"成庆和"羊行老板孟子余对自己的羊行有一个简单的描述："我们羊行分为外途、内途两项，外途系赴口外贩羊，运至马甸地方入羊店内售卖，并不进城。内途系北平城内各羊肉铺商人赴马甸羊店内购买羊只，纳税进城，零星售卖。"

孟子余的这个描述与清真寺碑的记载互为印证。这些史料指明了马甸羊行的基本内涵。

过去，马甸前街的商铺主要是羊行。马甸的东后街和西后街则以辅助性商业为主，比如：屠宰场、勤行、果行、鸭行等。

　　清朝道光三十年（1850年）马甸清真寺重修，重修后勒石立碑，碑上记载了马甸当时的主要商号：荣茂店、永兴店、顺兴店、新兴店、永盛店、元成店、大兴店、德成店、永丽店、源顺马店、源兴店、永顺店、大来店、广兴店十四家。

　　清末民初以来，北京城市面上流传着这样的话："马甸无羊，市内无肉。"由此可见马甸羊行在全市羊肉行业中的重要地位。

　　据王梦扬先生记载："回民食肉，专用牛羊，故全市之牛羊屠业，概由回民经营，行贩店商普及全市。总计全市之牛羊肉铺不下数百家之多。至于牛羊转运贩卖，亦多操于回民之手。屠牛作坊，多设于牛街。羊行商店，则多设于马甸。由马甸每年入城羊只，多时逾十三万头。民国以来，形势低落，每年入市不过三万余只。近年以来，羊业渐盛，每年又增至五六万只以上矣。"（王梦扬《北平市回教概况》，1937年）

　　民国初年，马甸有一家羊行，名叫新兴店。老板叫李世通。李老板主要经营羊只买卖，如果有好价钱，他也做马、牛和骆驼的生意。每次去口外买羊都是李世通亲自去。他带了伙计，到内蒙古草原上一个叫做"西口"的地方买羊。那时候，"西口"有一种黑头白羊，是羊只中的上乘品种。这种羊肥瘦适中，羊肉鲜嫩，很

清道光三十年所立马甸清真寺碑的背面刻的是当时主要商号，共有十四家店铺

受当时北京市场的欢迎。李老板看好羊，讲好价，付了钱，自己就先回来。所买的羊由新兴店的伙计慢慢赶回来。

这种赶羊的伙计，又被人们叫做"赶趟的"，他们徒步把羊赶到马甸。一路上一边放牧一边往回赶，他们带着干粮，露宿荒野，要是赶上斋日，白天不能进食，就更加辛苦。冬日里天寒地冻，夏天时暴雨烈日，赶羊人必须守护好羊群。沿途主要防止狼的伤害，在大风、暴雨和洪水中，要防止羊只走失。到了目的地，还不能让羊掉膘太多。赶一趟羊最少要两个人，如果羊群有两百只以上，往往需要三到四个人。赶一趟羊需要十几天的时间。赶羊的伙计经常风餐露宿，辛苦异常，但他们的收入并不多。在"赶趟的"这个行当中，有不少人大半生辛苦劳累而无钱成家。当然，在他们中间也有幸运的人，有的人在几年以后，被老板看中，提拔为内务。有的人后来甚至自己也做起了老板。

羊群赶回来后，李世通出手往往比其他人快，稍稍喂几天，有好价钱就卖。然后再去赶。

新兴店有七个伙计，其中四个做外务。他的伙计常有两拨人在前后的路上，前一群羊卖掉了，后一拨羊又赶到了。

但也有例外，在行情不如意的时候，他就减少了赶羊的次数，把羊养得肥肥的再卖。这个时候，新兴店的羊圈里往往圈有近千只羊。

李世通后来雇用了一个叫赵德清的小伙子。赵德清入新兴店时只有十几岁，虽然个子不高，但干活勤快，老板让他在店里做内务，负责接生羊羔、喂养羊只等工作。几年下来，赵德清练成了一手过硬的功夫，他只要一摸怀孕羊只的肚子，就知道羊肚子里有几只羊羔。

赵德清解放后成为工人，退休后住在马甸。我在几年前访问他时，他虽然已经九十多岁，却还能清晰地记得当时的许多情景。

新兴店的规模在马甸众多的羊店中并不是很大的。

马甸的羊店一般有十来个伙计，分为内务和外务两种（又叫内途、外途）。外务负责从口外草原上赶羊回来。外务一般有好几个人，领头的叫把头。内务负责店内羊只的喂养，招呼商客，从事羊只交易等。从事羊只交易的领头也叫把头。这些伙计都是长期雇用的，此外还有短工。短工做一些临时性的工作，比如，清理圈里牛羊粪便，把牛羊吃的草铡碎等。

马甸的羊店喂给牛羊吃的草是一种很高的山草，进货时都捆成捆，需要用铡刀把草铡碎，才能给牛羊吃。在一年的大多数时间里，马甸羊店里圈养的羊都是在圈里喂给羊草。只有到秋天庄稼收割后，羊店才把羊赶到野地里去吃草。那时候，马甸附近的土城内外，大秋之后的茬子地，大田四周，土城脚下的沟坎坡地以及坟场河边都还有许多青草。羊店里雇用了专管放牧的人，他们白天把羊分群分批赶去放牧，傍晚再赶回店里。这个时候在野地里放牧，符合羊的天性，经济上也实惠。

马甸的羊只市场在每年的秋天是旺季。尤其是在中秋节前后，马甸羊店的羊圈里栏满了羊只。各店存栏羊只总数可达一万多只。

马甸的羊店有两种商业功能：第一种功能是把经长途赶回来的羊只养肥，第二种功能就是在羊店内做买卖，羊店本身又是市场。

羊只买卖差不多都在店里进行。看货，谈价，成交。这种交易，形式多样，很灵活。交易的对象，有的是城里大的牛羊肉铺的代表，有的是中间商人。每天早上都会有人来马甸看羊，提货。他们一次就会买几十只羊。小一些的肉铺，往往每天联合起来轮流委托一人来马甸买羊，有的委托马甸的中间商人或是羊店的老板每天给买几只羊。

这种交易属于批发。同时，每天也有许多不固定的零买的顾客。

买好的羊有人送到城里。马甸有一个行当，专门负责赶了羊往城里送。他们一次赶许多羊进城，依次送到各个肉铺。价钱按羊只个数计算，每只几分不等。

也有一些人买了羊，直接赶到马甸屠宰场屠宰，然后把羊肉拉走。

马甸有一个很大的屠宰场，在马甸靠北的地方，临西后街。

从事羊只交易的人在店里地位比较高，要求也高。他要有丰富的交易经验，广泛的业务关系，同时要有很好的口才和商业技巧。有的人还身怀绝活，几百只羊从面前一过，他就能知道这群羊有多少只，哪只有病，哪只怀孕。

1929年初夏，像往常一样，天刚亮，永和羊店的大门就打开了。院子里早已打扫干净，地面上刚洒的清水也已渗进土里。四周显得很利落。后院羊圈里的羊只早已喂饱草料，个个显得鲜活肥壮。伙计们已经做好各项准备，等着顾客的到来。

这一年的北京刚刚经过大的变动。奉系军队与国民党军队在年前打了几次大仗，奉系败退撤离了北京。国民党进北京后，对以前的经济政策、行政规定等许多方面都做了改变。北京也失去了首都的地位，名字由北京改为北平。那时，北京乃至马甸的经济活动也有过动荡，但是很快就过去了，马甸的羊行也迅速地恢复了繁荣。

永和羊店在马甸是一家比较大的店，位于马甸前街西侧，老板姓马。马老板很有办法，在那十几年里把羊店打理得井井有条。下面是一天的交易过程。

天已经大亮了，顾客们陆续走进永和羊店看羊买羊。伙计们忙着招呼。太阳有一竿子高的时候，东四二条羊行的掌柜走进大门，内务把头张得海赶紧迎了上去："路掌柜，您里边请。"东四二条的羊肉铺是一个很大的店，掌柜的每天来马甸都会买走三十几只羊。他是永和羊店的老顾客了。不过今天他已经走了两个羊店，货是不错，羊都挺肥的。但打价还价后他觉得有点贵，就来到了永和羊店。

张把头早已熟悉这位顾客，他知道路掌柜每天都会很早来到马甸买羊，今天太阳都挺高了他才来店里，估计是已经去过其他羊店。张把头知道，各店的羊都差不多，一定是价钱谈不拢。他此刻心里已经有了谱。张把头不动声色像往常一样陪着路掌柜去内院羊圈看了羊。他看到路掌柜对自己的羊看起来还满意，他开始盘算自己的开口价位。他知道，必要时稍微让一点价是一种不错的买卖策略，何况这是一笔不小的买卖。回到前院开始谈价钱。他们都把手缩进自己的衣服袖子里，在衣袖里互相捏手指，一句话也不说，这是在讨价还价。几个回合以后，双方都高兴地笑了。这买卖谈成了。张把头说："好，就这样，回头叫旺儿给您送去。您请屋里喝茶！""下回吧，我得赶紧回去。""明儿见您。"路掌柜在账房付了钱，匆匆走出大门。永和羊店又做了一笔不错的买卖。

交易双方把手缩在衣袖里，在袖里互相捏手指，讨价还价。这是当时市场上民间商业交易常用的一种方法。谈价钱时，在袖里讨价还价，外人不能知道他们的谈判过程。比如，一只羊要卖35元，卖方攥住买方的三个手指，说："这个整儿。"再攥住对方五个手指，说："这个零儿。"买方嫌贵，也会用同样的方法打价。也有的买卖双方已熟知对方的手指语言，捏手指的时候一句话也不说，双目紧盯住对方的眼睛，希望从对手眼神的些微变化里看出他对价钱的承受能力。这时，他们的眼睛都显得很亮，带有几分狡黠，几分期待。

打价还价后，最后可能成交，也可能不成交。不管成交与否，别人不知道双方的底价，这样对双方接下来的交易都有利。

衣袖里的手指语言有许多种，这里介绍其中的一种。攥食指代表数字"1"，攥食指和中指代表数字"2"，攥食指、中指、无名指代表数字"3"，攥除拇指外的其他四指代表数字"4"，五个手指都攥住代表数字"5"，攥无名指和小指代表数字"6"，攥拇指、食指和中指代表数字"7"，攥拇指和食指代表数字"8"，攥除小指外其余四指代表数字"9"。

据记载，天津的羊行从口外赶了羊，也在马甸落脚住宿，由马甸羊行负责喂养，保护，歇一两天后，再起程赶往天津。天津有两个大的羊行叫"谦发号"和"庆丰和"，他们和马甸的羊行建立了协作关系，他们把羊赶来后在马甸过夜，每只羊交四分钱。

有一些羊店除了自己从口外往回赶羊，也接收其他羊贩赶来的羊只，还接收牛贩赶来的牛，所以，有的商号又叫牛羊店。

马甸羊行的老板，一般都住在马甸或西村。羊行的伙计有一部分是马甸的老住户，也有一些是来自北京其他区县甚至外省的。几年以后，羊行里这些外来的伙计和学徒大都会在马甸安家。他们中的佼佼者有的会升任把头，有的甚至当起了老板。

那时，马甸的文化教育还很落后。在马甸的回民中曾流传着这样的口头禅："少读诗书，惯宰牛羊。" 但是，许多羊店的掌柜却很重视让学徒练毛笔字和珠算。这应该是商业的需要。每天晚上打烊之后，学徒们就在木案上练起来。掌柜的常鼓励学徒们说："你们写好字，打好算盘，以后不在这儿干了，到别处也有饭吃。"因此，马甸羊行中虽然不少人读书很少，却写得一手漂亮的毛笔字，打得一手好算盘。有些学徒被培养成经营羊业的行家里手，有的还升级为账房先生。

北洋军阀统治时，马甸还出现了政府出钱办的羊行商号。

第二节　税所风波

1928年，国民党军队打败北洋军阀，占领北京，并改北京为北平。1929年下半年，国民党北平特别市政府财政局在马甸派驻牙税稽征分所，负责征收马甸商业税。

这个税所位于清真寺对面的一个胡同里，靠近马甸东后街。

做买卖要交税，各朝各代没有例外。

在马甸，历代政府征收税款，都以牛羊的头数为基数，所以又称为牙税。历代对牙税的征收方法有所不同。

根据马甸村民的传说，在早期，马甸羊只的税费在羊只进马甸之前就完成了。以前，在马甸的北土城外边有一座石桥，收税官在这桥上把从北方赶回来的羊挡住，按羊头收税。后来老百姓就把这桥叫"挡羊桥"。根据档案资料，如果有这种交税方法，那也是民国之前的事了。民国时已经在马甸羊行内收税了。

到民国初年，不再由政府税官收取牙税，改由马甸商会代收代缴。羊只从北方草原赶回马甸，先圈进羊行的羊圈，然后由羊行的把头按羊只的头数向商会交税。马甸的商人很早就有自己的商会组织，叫做商民协会。商会根据政府规定，每只羊收一毛钱交易税。征收税款后，自己留下两成，其余的上交给政府的财政部门。商会用这两成税款维持商会运转，此外，还用来捐助清真寺学校的费用支出等。

北京档案馆保存着一份1929年马甸"成庆和"羊行老板孟子余的笔录。孟子余在笔录中说："前十余年，由官府办羊行，立有牙税，由羊行同业公会代征牙税，以八成交款，二成归同业公会办公及我们清真学校经费之用，历办多年。"

这种交税方法从民国初年延续到1929年。

1929年10月，北平特别市政府认为，这种由马甸商会代收代缴的征税方法会使税收流失，决定改代征为自征。由马甸牙税稽征分所执行。

多少年来，马甸的商会和商人已经习惯了代收代征的方法，而且，由代征改为自征，会使商会有很大的利益损失。因此，遭到了马甸商会的极力抵抗。

稽征所于9月底贴出布告，告诉商民从10月开始，各项税款不要再交给商会，要直接交到税所。

普通商民首先觉得不方便，不习惯。而且，直接征收，规矩更加严格，害怕会多缴税款。开始几天，几乎没有交税款的，税所的工作人员在政府的督促下，开始采取行动。

马甸的羊只，每时每刻都在进行商业流动，税所的人看准了要害，首先阻挡这种羊只流动。

10月7日早上，十几岁的雇员旺儿像往常一样，受羊商雇用，从羊店赶了羊只进城送往肉铺，他的行当就是给羊商赶羊，每只羊六分。羊群刚走出村口，旺儿就看见税所的人挡住了去路，旺儿问："干吗不让走？"税所的人让他缴羊只税钱。旺儿告诉税所的人说，每次税款都由老板自行办理，他只管赶羊。税所的人仍拦住不让走。拖延多时，几近中午。后来商会的人员赶来交涉，说已经向税所报告了羊只数目，即行交税，这才放走。

从月初到中旬，天天发生类似事件，有的羊群又被迫回到羊店。这样，城里商铺没有肉卖，马甸羊店不能周转。北平商人总会第九区会人员孟子余、柏松泉、马子章、李醒非等与马甸商会董丽芝、李步云到马甸税稽所交涉，并对干扰商业运作的行为提出抗议，双方不欢而散。事后拦截羊只仍在继续。10月21日，孟子余、柏松泉、马子章、李醒非、董丽芝领人来税所理论，双方言语不和，动起手来。马甸百余人前来援助，村里的保卫团丁持枪和村民一起冲进税所，绑起税所助理员刘贯一，抢走税票，摘下税所所牌摔在地上砸碎。

事发后，马甸税所立即向财政局报告并转北平特别市政府及市公安局。市公安局于21日下午派警员以暴力抗税罪拘押了孟子余、柏松泉、马子章等人。

10月22日，北平商人总会及第九区会向公安局出函，解释事件原因。第九区会一方面出具保释书保释第九区会人员孟子余、柏松泉、马子章等人，另一方面向上托人通融。

北平商人总会及第九区会的保释书说：

> 敝会执行委员孟子余，柏松泉，会员马子章，平日安分，素行公正。乃于十月二十一日下午由钧局派警传到看押。牙税从来即系商家代征，突于十月七日，由牙税所收归官办，而羊商羊贩以历来商家代征，牙税之民权不肯抛弃，故全体不承认官办牙税。以至有不起票之情形。敝会为维持民食，保重国课起见，极力维持现状，以图进革，维民食。但牙税所反误认执行委员孟子余等为阻止牙税。但敝会维持进革，保重国课之事，业已事先呈报。牙税所以孟子余等人阻止牙税，显系不实。恳请将三人先行释放，至于孟子余等有何违法行

为，散会全体执监委员完全负责。

呈：公安局长鉴核

第九区会　十月二十二日

孟子余在押期间，公安局对他预审，孟子余自我辩护说："我系宛平县人，在德外黑寺西村门牌十四号住。在马甸开'成庆和'羊行生理。前十余年，由官府商办羊行，立有牙税。由羊行同业公会代征牙税，以八成缴款，二成归同业公会办公及我们清真学校经费之用。历办多年。现牙税稽征总局在马甸立分所，自行征收牙税。于本月七日开办。羊行公会开会认为，如稽征分所自征牙税，不能提拔二成，清真学校并无经费，因此争执。商民协会不肯放弃商权。本月七日，牙税所阻挡羊商购羊进城，商民协会去交涉，并没有争吵冲突。后商民协会与牙税总局交涉妥协，由羊行九区代征牙税。本月二十一日以前，有刘贯一到各羊店说，他奉总局委派，征羊行牙税，令各羊店自赴税分所交税。我们羊行报告商民协会，协会派董丽芝、李步云二人赴宝钞胡同牙税总局与局长王敬贤交涉，据说并没有派刘贯一之事。恐系羊行九区会有人冒名代收。然后于二十一日上午十一时，到马甸税所找刘贯一对质。至于说我们打人、捆人、抢夺税款税单，并无其事。该分所与马甸第四派出所住对门，有警察可以作证。"

由于北平商人总会第九区会的力保及向上托人通融，孟子余等也拒不认罪。法院认为孟子余等人"暴力抗税"证据不足，于二十三日将孟子余等人释放。

此时，财政局在马甸税所门前张贴布告，宣布已将事件报告公安局，号召商民不要抗税。财政局及马甸税所当时并不知道孟子余等人已被释放。

由于马甸商民畏惧政府，开始向马甸税所交税。

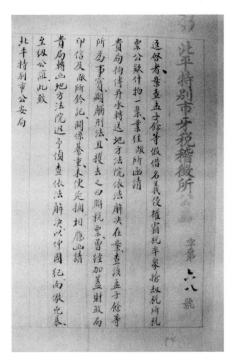

税所风波时北平牙税稽征所给市公安局的函件

10月24日，孟子余等人来到马甸税所门前，见到税所的布告即将布告扯下来撕掉，并叫大家不要往这里交税。

财政局及税所非常愤怒，立即报到公安局，并同时向北平特别市长报告。公安局又派人调查，认为属实，没过几天，公安局再一次把孟子余、董丽芝等人拘捕，同时拘捕了其他许多人。有一些参与事件的人逃走。公安局传讯了旺儿的老板马子章，以及其他一些潜逃人的亲属或东家，并进行了审讯和笔录。

这一次，财政局绝不松口，几番提供人证，要求严办。市公安局经过初审，释放了大部分人，但把孟子余几人移送法院。后来，几个主要人员被判半年或几个月徒刑不等。

孟子余是年三十七岁，回族，家住马甸西村，是马甸"成庆和"羊行老板。他是马甸商民协会委员，也是北平特别市商人总会第九区会执行委员。

事后马甸商民不得不来交税。

但是人心不服，几十年以来，马甸村民说起那次事件，都津津乐道，认为砸税所是一件大快人心的事。

当时马甸清真寺内办有一所小学，由于税收改革切断了学校的经济来源，小学不久就停办了。

交税风波后，羊税由商人直接交给税所。

税所规定，马甸羊行交税分为两类：从口外赶来羊只后，由外务把头将税款交给税所，每只羊四分，这叫落地税。羊行把羊卖给城内肉铺或卖给其他商人，每只羊收一毛交易税，由内务把头交给税所。

这次税改对马甸的商业并没有实质性的打击。由于军阀混战的结束，北京地区社会经济渐渐繁荣起来，马甸的商业也在不断地发展壮大。

几年以后，许多商铺赚了钱，人们开始装修店铺门面，改善羊行内部设施，为以后更大的发展做准备。

据乡老说，马甸许多房屋，都是那时重修或是新建的。

马甸的牛羊店的门面主要是大门和门旁的字号。大门又叫门道，宽有四米多，能用来走大车。门道是一间高大宽敞的房子，两边紧接着是耳房。门道外侧装有两扇通房高的门板，门下是高近一尺的活动门坎，门道两侧有石头门墩。耳房的墙上写有羊行的字号。门前两边往往栽有槐树。

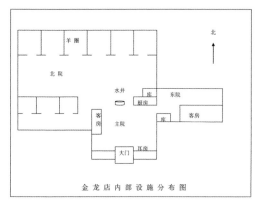

金龙店内部设施分布图

那时候，有的牛羊商贩，赶着牛羊，也赶着大车，从口外坝上进京，由于路途远，走的天数多，他们用大车装载着路上用的生活用品，有时也带有其他商品。在马甸住店时，如果天下雨，客人的大车能放在门道里。大的门道，把车辕架起来，能放四辆大车。

店里有拦牛羊的圈。这种牛羊圈，在每一个店里都有好几个，大的店有十几个。每一个圈都能容下百十只羊，大的能圈二三百只羊。

牛羊圈的围墙，都是干打垒的土墙，有半人高。每个圈的正面都是木栅栏，圈里边放有石槽，方便给牛羊喂草、喂水。

店里有客房、厨房和水井。一进大门，都有一个较大的院子，用以进行交易，以及存放客人的车马等。

第三节　高粱地事件

1937年，日本侵略者占领了北京。马甸的羊只买卖在动乱中日渐困难。由于动乱，羊只经营的商业秩序被打乱。北京南城，东郊相继出现羊只市场，羊只买卖开始分散。这使马甸以羊只交易为主的商业遭到沉重打击。有一些羊行倒闭，其他商铺虽仍在经营，但困难重重。马甸商民对日本人的统治充满怨恨。

在日伪时期，马甸发生一件重要事件。据马甸民间流传的说法，1938年夏天，日伪派爪牙来马甸寻衅，马甸回民得到消息，立即集合十几个人，埋伏在官厅南边的高粱地里。带头的回民领袖是马甸一家羊店的老板，姓马——他们要教训日伪的代表。

官厅是一个小村庄，在马甸正南不到一里。官厅是一个十字路口。从德胜门到马甸的古道南北向穿过村子，从黄寺到牤牛桥的古道东西向穿过村子。两条古道在当时都已经被走成了沟壑，沟底比两翼的地面低四米多。官厅的民居就分布在这"十字"的四个角上，就像是隔沟相望的四个山头。村里的居民有二十九户人家，其中汉族十六户，回族十三户，差不多都在马甸的羊店里讨生活。居民的分布也不相同，其中"十"字的西北角和西南角住的人家多。街道不很长，都是沿着沟边向两侧延伸。在很长一段时间里，官厅在行政上隶属于马甸村。

"官厅"的名字来源，据说是在这里曾经建有一个很大的演武厅。所以这个小村子就被叫做"官厅"。清朝时，官厅的西边驻有正黄旗军队，村里老人都说当时有十几万士兵。军队的校场在官厅的西北部。检阅军队的演武厅就在官厅村的村边。

在1938年前后，官厅南边古道的两侧种的都是大庄稼，以高粱和玉米为主。直到解放前后，官厅古道的东侧才改为菜地。

马老板当时才二十岁出头，有胆有识。马老板把埋伏地选在官厅有他的道理。官厅离马甸近，居民又大都在马甸干活，这里算是自己的地界儿。另外，干这种事知道的人不能多，官厅南的高粱地比较隐秘，好埋伏，好办事，又能以逸待劳。

天还没亮，马老板就让大家躲进高粱地，自己伏在地边的田埂后盯着从德胜门来的大路，专等日伪爪牙出现。那时候德清公路还没有修好，从德胜门到马甸还要走那条古道。这时候的高粱已经长有一人多高，埋伏上十几个从大路上根本看不出来。一会儿，日伪爪牙一前一后从大路上走来，马老板一声令下，埋伏在高粱地里的商民立刻跳起来抓住了走在前边的人。后边的人见事不好，转身就跑，一溜烟儿不见了踪影，再也找不到了，只好作罢。另一个爪牙被商民逮住后，马老板一面派人前去警察所，以争取个原告，一面派人抓住那个为首的爪牙，挖出他的一颗眼珠，割下他的一只耳朵。

这个故事也见有出版的文字描述。内容大致与上相同。

2010年，我在调查这件事时，经一位学者介绍，见到了一位姓满的先生。满先生家住南城，回族。满先生看上去有五十岁左右，中等个儿，很健康的身体。满先生告诉我，1938年夏天，在官厅南的高粱地里，被挖下眼的人是他的亲伯伯

（伯伯：bāi bāi，叔叔）。他说，他也看到了那些描写当年高粱地事件的文章。他说，他的伯伯当时不是日伪的代表，是南城好几家羊肉铺的代表。当时北京南城几家大的羊肉铺派人直接从口外赶羊回来，在南城建立了羊只市场，但赶羊回南城还是要途经马甸。为此，双方约好到马甸来谈判，谈判内容，只是涉及各自商业利益，无关其他。

满先生受伤的叔叔回家养伤，向有关的商家述说了事情的经过，大家都非常气愤，认为马甸的人是受了日伪的指使。事件发生后双方虽然都说对方是日伪的人，但双方又都托人告状。当时的日伪政府说，这是回民内部的事，最后不了了之。他问，你见到那些描述这次事件的文章里有处罚的记录吗？若果真是日伪当局派的人被挖眼，能善罢甘休吗？

确实，我见到的有关文章里没有处罚的记录。马甸流传的说法中，也没有处罚的描述。

为了搞清这次事件的性质，我去查过有关资料，包括保存在北京档案馆里的日伪时期的资料，但并没有见到相关记载。由于这是日伪时期马甸商业的重大事件，事件双方说法不一，无从证实。现在把两种说法都列在这里，算是存疑。

这次事件，不管性质是什么，但事件本身却是真实存在的。读者可以从这里看到马甸当时的一些商业生活状况。

第四节　屠宰场扩建和商家统计

1945年，日本投降，马甸的商业开始恢复。

1946年1月，原西郊屠宰场改为警察局海淀办事处。西郊屠宰场由海淀镇迁移到马甸。

屠宰场的业务是，屠宰牛羊及屠宰后的加工。

西郊屠宰场迁来后，带来了大量的业务，马甸屠宰场在原来的基础上得以扩大。

屠宰场每天天亮营业，到上午九点结束。客户把牛羊赶入场内，交付一定费用，用不了多久，就可以把加工好的牛羊肉拉走。

按照规定，屠宰牛羊的师傅和工匠由清真寺派来。工作时，师傅口中不停地念经，手上不停地下刀屠宰，师傅手头很快，每宰一只羊不到一分钟。羊只屠宰后，由工匠剥去羊皮，去掉羊头，羊蹄和下水，全部过程不足十分钟。去掉的羊皮，羊头，羊蹄和下水，有专门人员收购，随剥随收，从不积压。

屠宰好的牛羊肉由"拉脚工"用人力架子车拉出屠宰场，送到顾主指定的地点。

"拉脚工"也是马甸商业链中的一个行当，我的一些同学的父兄在解放前后都曾作过拉脚工，他们把加工好的牛肉、羊肉放在架子车上，用人力拉进城里，送到各肉铺。

拉脚工必须天一亮就拉着车到屠宰场排队等活儿。不是每个拉脚工都能揽到活儿。城里大的肉铺都用固定的人，一般不用生人拉。小的肉铺和零散的客户就不太讲究，赶到谁是谁。肉放到车上后，拉脚工把车拉出屠宰场向右拐走义学胡同，然后顺着德清路进德胜门就可以送到城里各街市了。

架子车比大车小许多，也有两个车把。一般在车身上都拴一个绳套，拉车走的时候，先把绳套套在肩膀上，双手拉着两个车把。双手没有那么大的劲儿，拉车的劲儿主要在肩膀上。

把肉送到后，有了钱，拉车的人往往在路边小摊买个火烧吃。然后回屠宰场再找活儿。

一天下来，所得并不多，但全家都赖以生活。我的一个同学，在几岁的时候就帮助父亲拉车，肩膀上套一根绳子，拴在车上，叫拉小绊。送完肉，父亲把她放在车上，再拉回家。

据有资料说，解放前夕，马甸牛羊屠宰场每天宰牛二十多头，宰羊二百到三百只。

羊的全身都是宝，除羊肉之外，羊毛、羊皮、羊血、羊头、羊蹄和羊下水，乃至羊粪，无一不是极有价值的宝贝，而每一宝又能派生出一个行业，养活一个行业的人。就行业分布来说，马甸当然以羊行和羊肉为主，其他羊毛、羊皮等行业，主要分布在西村、小关、官厅及马甸附近的其他村庄。

比如羊毛，每年清明节之后，都要剪毛。这时剪下的毛叫春毛，纤维长，适用于纺织。又如羊皮，羊皮分为老羊皮和羔羊皮。其中羔羊皮是制作贵重皮衣的材料，十分珍贵。当时，在小关村就有好几家从事羊皮的收购和加工。

再如羊粪，经过发酵就是田间禾苗最好的有机肥料。每年农历春节过后，一直到清明，马甸周围的农民就会来羊店购买。海淀的玉泉山、万泉河及六郎庄的稻农经常用稻米来换这种肥料，从而能生产出极好的京西稻米。

马甸的牛羊市场对肉类的卫生要求非常严格，凡是有病的牲畜，不管是活畜，还是宰杀完的，都绝不让其流入市场。这时，他们会在荒地上挖坑深埋，并不许其他人接触。

几百年来，马甸的商人都有着这样的自觉，都遵循这样的规则。之所以能这样做，是来自穆斯林的信仰。伊斯兰教规定，任何人不许吃不洁净的牲畜。

这是马甸以羊行为主体的商业经久不衰的重要原因。

1947年，据国民政府统计，马甸有牛羊店十家。

现在把这十家店铺的简要情况列表如下：

马甸牛羊店一览表（1947年）

序号	店铺名称	店址	店主姓名	民族	年岁	伙计人数
1	万顺牛羊店	甲13号	刘宜之	回族	45	6
2	长福牛羊店	13号	何祥瑞	回族	49	9
3	源盛牛羊店	20号	金福氏	回族	34	5
4	同盛牛羊店	甲20号	刘文涛	汉族	28	4
5	永和牛羊店	48号	马国玺	回族	39	9
6	同达牛羊店	50号	马育兰	回族	37	9
7	德华牛羊店	53号	张善臣	回族	56	5
8	万顺成牛羊店	58号	刘诚	回族	46	7
9	聚合牛羊店	后街3号	张子珍	回族	66	2
10	恒益牛羊店	礼拜寺胡同1号	马廷奉	回族	30	7

除了牛羊店之外，马甸街上当时还有饭铺二家，杂货店二家，牛羊肉铺一家。它们是：

店铺名称	店址	店主姓名	民族
裕兴隆（杂货店）	甲19号	穆玉龙	回族
和益馆（汤面铺）	44号	夏文保	汉族
永振兴（烧饼铺）	甲50号	张永亮	回族
庆陞号（牛羊肉铺）	52号	常庆	回族
瑞陞号（小铺）	57号	赵岩	回族

此外马甸还有鸡鸭行、果行、皮匠、剃头匠、绱鞋作坊，各类小吃作坊，豆腐坊等。

从统计结果看，马甸牛羊店的数量还没有恢复到以前的水平。甚至比清朝末年的道光年间，牛羊店都少了四个。

再来比较道光三十年时（1850年）与1947年马甸牛羊店的名称，我们会发现，一百年后，牛羊店的名称竟没有一个相同的。

一般情况下，店铺如果父子相传，名称不会改变。如果换了其他主人，就会改换名号。

这说明，马甸的商业在不断地发展和延续，而参与其中的人和家族，却在不断地变化。这应该是商业发展的规律。

第五节 新中国成立初期的商业

新中国成立以后，马甸的商业有了较大的恢复。

1951年，马甸有牛羊店十一家。与1947年相比，增加了一家。但大部分商铺的名字都有了改变。如果以1947年为基数，变换了老板的店铺占了百分之八十。

可以想见，行业间存在着多么激烈的竞争。

新中国成立初期，我家住在马甸堂子胡同，堂子胡同有一个2号大院，原来是一个牛羊店。与其他大多数牛羊店一样，大院有一个黑漆大门，大门两边有抱鼓石。大门旁的墙上写有"金龙店"的大字。店内羊圈、客房、水井等设施都还齐全。1947年，国民政府统计户口时，这里已经不是店铺，而是住了几户居民。金龙店直到解放都没有恢复起来。这个店很可能是日伪时期马甸商业萧条时倒闭的店铺之一。

马甸西后街3号有一个聚合牛羊店，在解放初期我见到时，已经是一片废墟，只有院内的枣树、香椿树还在每年开花结果，叶生叶落。有人说，这个店先是倒闭了，在解放前夕又遭遇了一场大火。

1951年5月3日马甸商会向人民政府商业部门提出报告，建议成立牛羊栈业联营。并在报告中提出详细规划，请求批准。

联营的规划如下：

经理，沈仲祺，男，65岁，住马甸甲13号。

副经理，王金荣，男，31岁，住马甸66号。

财务委员，何祥瑞，51岁，住马甸13号。

联营成员：

店铺名称	店址	店主姓名
长福羊店	马甸13号	何祥瑞
同达牛羊店	50号	马笑农
金城牛羊店	马甸66号	王金荣
德华牛羊店	53号	张善臣
瑞成牛羊店		秦云亭
协成牛羊店		穆鹏飞
万顺新记牛羊店		刘益堂
三元牛羊店	沟嘴胡同2号	马松
源盛新牛羊店	马甸甲20号	宋子杰
万顺成牛羊店	马甸59号	刘益堂
广成牛羊店		杨昆山

（注：以上是解放后的门牌号，与1947年的门牌号数可能有区别。）

联营书提上后，政府商业局于1951年11月20日批复说：因为国家准备统一收购，不拟批准其联营。

1952年初，马甸长福羊店老板何祥瑞关闭了自己的店铺，把店铺卖给别人。

1952年春天，马甸屠宰场的负责人开始由北京商业局指派。

1953年，马甸屠宰场仍然忙碌。我那时还小，有时从那里经过，常爱站在离屠宰场门口不远的地方看一会儿热闹。那时，被赶往屠宰场的羊群有很多。这些羊群里有一只羊走在前面，这是带头羊，带头羊很强壮，有一对很大的弯曲的角，它在前边走，其他的羊都跟着它。走进屠宰场后，把带头羊赶出来，其他的羊就被宰掉了。有时候，这只带头羊也不愿往屠宰场里走，有人就扭着这只羊的犄角往里拉，其他羊则浑然不知地跟着往里走。

1953年初，北京商业局对市场上的牛羊肉实行配售。马甸的商人对这种做法持有异议。他们推举商业代表给政府写信，信的内容有三项：（1）对商业局的配售办法提出不同意见。（2）对商业局派到马甸屠宰场的负责干部李振东提出意见，指出他的许多做法是官僚作风。（3）反映昌平县西府私屠耕牛卖肉，有碍卫生。

写这信的是马甸四个行业的代表，他们是：牛羊屠业代表马魁泉，牛羊店栈业代表王金荣，牛羊肉业代表张深，马甸屠宰场工会代表马禄。

北京市人民政府工商管理局接到信后，不久给出答复：（1）改正配售方法。（2）对李振东批评并撤换。（3）对私屠事情进行调查。

政府工商管理局在回信中说，马甸四行业代表的意见是正确的。

由于马甸商业兴旺，流动人口多，马甸的服务业，尤其是餐饮业也十分兴旺。餐饮业在解放前叫"勤行"，马甸勤行中尤以各类小吃享誉京北。据乡老们说，马甸地区的小吃主要有羊头肉、爆肚、凉粉、炸盒、芸豆饼、面茶等。经营规模都比较小，形式以摆摊或推车流动售卖为主。

1953年前后，我看到在马甸小学门口，总有一位胖胖的老人卖芸豆饼，他把煮得烂熟的芸豆放到一个布袋里，攥紧，用双手一拍，就成为芸豆饼，一分钱一个，卖给学生。我那时还见到一位卖汤茶的中年人，每天早上，他用一只公羊拉着车，车上放着汤茶桶，拉到摆摊的地方。那只公羊有着一对粗壮的弯曲的角，长长的胡子，健壮的身体，很威武的样子。车也不大，是专为羊做的。汤茶是已经做好的，吃的时候，再放上芝麻酱等作料，热乎乎的，吃起来感觉非常好。

1953年，由于从德胜门经马甸到清河的公路向口外延伸，又由于铁路运输的进步，许多羊只改由汽车和火车运送，徒步赶羊从坝上草原到马甸的人越来越少了。又有一些牛羊店老板把店卖了，到城里去做别的买卖。

第六节　公私合营

1955年，北京有计划地对私人企业进行公私合营改造。1956年，马甸的牛羊店都停止了营业。其他各类商业店铺，也都进行了公私合营。

我在2010年前后，认识了一位张先生。张先生已经八十岁了，现在住马甸月季园小区。他在公私合营前是一位小老板，在德胜门外马甸一带做煤球生意。

张先生简单地向我介绍了当时公私合营的过程。张先生说，1953年，国家提出"三反五反"。在工商界，反偷税漏税，反违法经营。对私营企业作了分类，分为三类：守法户、基本守法户、违法户。对违法户要进行罚款和其他处罚，基本守法户要补交漏掉的税款，守法户则受到表扬。到1954年秋天，一些私营企业就不再投资购买生产资料，他们不知道下一步形势会怎样发展。有一些企业的经营直接影响到百姓的生活，比如煤球，老板们不再买进煤炭，也就做不成煤球，百姓没有煤球取暖，过冬成了问题。政府就给煤铺老板贷煤，老板先不用付钱。做了煤球卖出后再付款。

1955年进行公私合营宣传。政府的工作人员告诉张先生，私人经营就好像是个泥饭碗，碰到天灾人祸饭碗就会摔碎，合营就好像是合金的饭碗，永远不会破产。张先生当时二十岁出头，很愿意公私合营。但也有不少人不愿意。他们之前先把自己的企业卖掉了，不再经营。比如，马甸长福羊店老板就关闭了自己的店铺，卖掉了企业。买这个店铺的人后来也不再经营羊只买卖，改做他用。

公私合营前先评估私营企业的财产。财产包括经营的场地房屋、库存、使用工具等。库存按当时市场价格作价，场地房屋、使用工具等折旧后作价。资产在

2000元人民币以上的业主算资本家，2000元以下算小业主。

马甸的羊店把羊卖了以后就没有库存，羊店的场地和房屋折旧以后也没有多少钱。所以，马甸的大部分业主都是小业主。马甸的业主中也有好几户资本家。这些资本家大都在城里另有买卖。比如，马甸同达牛羊店老板马育兰除了拥有同达牛羊店外还在城里有经营布匹绸缎的买卖。公私合营时马育兰被划为资本家。

公司合营前各个私营小企业的资产和规模差不多都被政府所掌握。1954年以后，政府往私营企业派驻了流动会计。这些流动会计管理着好几个小企业的账目，各企业分别付给流动会计工资。

小业主在公私合营后，享受公费医疗待遇，公费报销百分之九十。小业主的家属如果不在企业里工作，则不享受这种待遇。业主的夫人、儿女如果在所属企业里工作，称为店员，他们享受公费医疗待遇。企业里的其他工人和店员除了本人享受医疗待遇，他们的家属也享受一定比例的公费医疗待遇。资本家及其家属则不享受这种待遇。

后来实行赎买政策。资本家每月拿利息，一个季度给一次。当时的利息比较高，有的资本家每次都能拿到几千甚至几万的利息。

公私合营时业主的房子开始划归合营企业所有，后来也都退给了业主，算业主私有。

1956年1月，工商人员在天安门广场举行了游行，拥护公私合营。1956年7月，实行合营，开始合营并店。

合营并店后，马甸的屠宰场搬到了大红门，与那里的屠宰场合并。市场上的牛肉和羊肉，国家实行了统购统销。马甸的牛羊店的老板、伙计，以及马甸的其他商业从业人员，有的进了公私合营的企业，有的成了工商管理人员，有的成了国家干部。也有一部分人进了国营企业，原来的商户几乎没有当农民的。马甸有不少商户曾经拥有土地，马甸农业合作社成立后，这些土地都无偿地给了农业合作社。

马甸村有关牛羊的大规模的买卖和商业，至此就结束了。

第七节　商界人物

1. 马育兰是马甸商界的一个代表。

马育兰（1910—1966年），北京德胜门外马甸人。马育兰二十几岁就是马甸同达牛羊店老板。其人较瘦，个子挺高，仪表堂堂。据马甸老人说，马育兰为人做事不张扬，沉稳有气度，遇事敢做敢当。马育兰除了在马甸有一家羊店，在城里也有几处买卖，主要经营布匹。

马育兰不但买卖做得好，还做公益事业。1934年马育兰和薛文波、丁秉卫、马国玺、马廷璧等一起在马甸后黑寺办起了回民小学，薛文波任主任，马育兰任学校董事。此后，他在很长的时间里是马甸回民小学的董事。他的主要任务是在经济上帮助学校运转。他定期向学校捐款，有时候，学校里临时置办物品，没有钱了，就去找马育兰要。还有的时候，该给老师发工资了，钱不够，也去找他要，每一次他都慷慨解囊。

在当时的马甸，马育兰是一个很有名气的人。商界有什么大事，往往请他出面。

同达店位于马甸前街西侧50号，是一个很大的店。他家住在同达店最里层的一处院落，隔墙就是西后街的金龙店。他的宅院里只有五间北房。房前一片空地，种些花草。由于他的买卖大，解放后被划为资本家。到1965年左右，他开始赋闲在家。"文化大革命"时，在家中被"造反派"所害。

2. 张德海

民国初年，有一个叫张德海的回族青年来到马甸。当时他不到二十岁，高高的个子，有一双很灵气的大眼睛。他原是北京东郊人，家住朝阳门外。他到马甸后，在一家羊行当伙计，老板姓马。张德海先是当"赶趟的"，为老板把羊从坝上草原赶到马甸。有一年夏天，张德海和另外两个伙伴从口外草原赶了羊群回马甸。那时候沿途村庄很少，路上大都是荒凉的田野和崎岖的道路。那天刚过南口有十几里路，突然碰到暴风雨，电闪雷鸣的。一部分羊受到惊吓跑散了。张德海把剩下的羊群赶到一个土坎下，让其他两个伙伴看住羊群，自己去追那些跑散的羊。大雨中看不清道路，忙乱中他被路边的一大丛马连草绊了一跤，摔下一个土坡，伤了腿。雨慢慢停了，张德海折了一根树枝当拐杖，一瘸一拐地把失散的羊全都找了回来。

张德海不避辛苦，赶羊从未失手。老板看他能干，就把他调为内务，帮助做羊只交易。几年以后，张德海练就了一身硬功夫，一群羊从眼前一过，他就能知道哪只羊怀有小羊。马老板十分赏识他，就把自己的女儿嫁给他，还陪嫁了一所住宅和七亩三分地。张德海开始独自经营。他自己从口外一个叫张北的地方赶羊回马甸。因为资金不够，他还开不起店，就把羊养在自家院子里。养一段时间后，或者卖整羊，或者宰了卖羊肉。卖完了再去赶。农忙时他还要种地。后来，他忙不过来，开始雇人，当起了老板。

公私合营后，张德海被调到公主坟一家很大的羊肉铺卖羊肉。那时常进行手艺比赛，张德海参加剔羊肉比赛，他十分钟就能剔一只羊，剔完后，羊骨和羊肉整齐地排放在两边。比赛中，他拿到过好几次第一。

张德海家的七亩多土地后来无偿捐给了农业合作社。

第四章　农业

第一节　农民比重的增加

解放以前，马甸村很少农民。根据1947年的户口统计，当时马甸村有1035人，从事农业的人口只占其中的百分之三。其余的都从事羊行商业及其服务业。

马甸村并不缺少土地，在马甸周围有大片的土地。马甸的商民中也有不少人拥有土地，但都不自己耕种。他们的地往往租给西村的农民。那时候，农业在马甸村居民的经济生活中只占很少一部分。

有资料说，1950年，马甸村的土地面积有600多亩（包括马甸、官厅、西村）其中园田200多亩、旱地300多亩，还有两个果园。当时旱地粮食平均亩产160多斤。

西村在马甸的西边，离马甸一百多米，中间只是隔着前黑寺和后黑寺两座喇嘛庙。清朝初期时，这里还是个不大的村庄，居民不是很多。由于马甸商业的发展，这里才聚集起不少人家。这些居民大部分是为马甸的商业服务的，同时也有约三分之一的住户是农民。这些农民大多数没有自己的土地，主要是租种马甸商人的土地。例如，西村农民贾山就是租种马甸大同羊店的4亩地。解放后，西村没有土地的农民从地主那里分得了土地。

解放初，马甸村也搬来了一些农民。那时，国家在北京北郊地区进行大规模的建设，许多农民的住宅地被征用。一些农民用国家补偿的钱，在马甸买了房子居住，这些农民离不开土地，往往又买了其他人的地，仍然做农民。在那一阶段，陆续搬到马甸村的农民有几十家。在1951年之前，搬到马甸的农民主要来自祭旗庙村。祭旗庙村在马甸西边一里多远，1950年，祭旗庙村及其土地被总参测绘局占用。

到1952年和1953年，北郊被征用住宅地的农民越来越多。这时已经很难买到现成的住房。在这些因国家建设而搬迁的人员中，除了农民还有其他职业的人，都没有地方居住。北京市为解决这些人的住房，就在马甸西北，土城南侧的一块空地上，建起住宅区，卖给或租给这些人居住。这个住宅区因为紧挨着马甸，被叫做马甸居民区（简称居民区），隶属于马甸。居民区里开始搬来大量的农民。

这些搬来的农民中有不少人虽然失去了住宅，却仍有土地耕种。那时，国家批给一些单位土地，单位就用铁丝网围起来。其中的农民住宅，必须拆掉。而有许多田地一时不用，还归各自的农民耕种。这种情况到人民公社成立后还存在了一段时间。

这时，马甸的行政区域包括了马甸村、西村、官厅和马甸居民区。

至此，马甸地区居民中农民的比重有了显著增加。

第二节　农业合作社

马甸农业的社会主义改造是在1953年开始的。

1953年末和1954年初，西村农民单士贵、贾山、王玉清（女）响应政府号召成立了农业互助组。这个互助组不久扩大为农业合作社，吸收马甸和居民区的农民加入，就叫作马甸生产合作社，单士贵任社长。这种农业合作社自愿参加，不愿参加的农民还可以单干，这叫初级社。

1955年前后，政府鼓励种棉花，选派农民去清河参加棉花种植培训班，当时还有一些人没有加入农业合作社，不管加入与否，都欢迎去参加学习。单士贵也派了社里的人去参加培训。

1955年12月，初级社改为高级社。马甸高级社是由几个初级社合并而成的，其中包括原"皇亭子"初级社和马甸初级社等。

皇亭子初级社是由皇亭子村的农民组成的。皇亭子村解放前后是一个不大的村庄，距马甸不足三里。村子在土城内的西北角。

马甸的互助组与合作社在单士贵等人带领下成立的时候，皇亭子村的刘静珍等人也带领群众成立了自己的互助组与合作社。

马甸的高级社叫"马甸农业生产合作社"，社长是贾山，下面有三个生产队。

原皇亭子初级社改为第一生产队，队长是刘静珍（女），原马甸初级社改为第二生产队，队长是单士贵，第三生产队队长叫孔宪奎。

马甸高级社成立时在后黑寺山门前的空地上搭起了台子，召开庆祝大会。在会上，有一家工厂还给社里捐了两台双轮双铧犁。一般，农民耕地用犁，都是单铧，也没有轮。双轮双铧犁有两个铧，两个轮，效率可以提高一倍多，还省力。只是这种犁还是和老式犁一样，要用畜力拉动。当时，这种双轮双铧犁已经是很先进的农具了。别人能赠送，是社会各界对马甸农业合作社的支持。

1956年，单士贵由队长升任马甸农业生产合作社社长。由于他对合作社的事很用心，处理事情比较公正，受到大家的拥护。

到高级社后，凡是有土地的人都应该参加农业社，自己不能私自拥有土地。从此马甸再没有单干的农民。

马甸合作社当时有旱地300多亩，菜园200多亩，加起来共有600多亩。有120多户人家，人口有500多人，劳动力200多人，占人口的百分之四十。无论从土地亩数上还是从人口数量上，马甸都是比较大的合作社。

高级社与初级社不同的是，入社不再是自愿参加，而是全体农民必须入社。所有土地是无偿入社，所有的大车、牛车、水车、大型农具、大牲畜、犁杖、锹、锄、镐、耙，小至筛子、笸箩都作价入社，叫折价入股。所有加入高级社的人都要交股金。股金按每个劳动力分一、二、三等交，分别是一等劳动力120元人民币、二等劳动力100元、三等劳动力80元。所有生产工具折价作为股金。如果折价后价值高于应交的股金，比如，社员用大车、骡子等入社的，高出的部分在年底分红时逐年退还给当事人。有些社员没有生产工具，或是所交的生产工具折价后不够应交股金，其不够的部分按年份逐渐从年底分红中扣除。

高级社在年底分红，按工分计算。分红时，先在所有净收入中扣除集体公积金，剩下的按工分进行现金分配。

这个政策执行没有两年。到1958年成立人民公社，建立集体食堂，吃饭不要钱，所有以上办法不再执行。股金多余或欠缺，一笔勾销，全部作废。

农业生产的基础是土地。高级社成立后一个重要任务是整理自己范围内所有能使用的土地。

马甸村有两座喇嘛庙，分别叫前黑寺和后黑寺，两座寺庙都建于清朝初期。

马甸农业合作社成立后，这两座庙的大部分庙产都属于合作社所有。其中，后黑寺里有许多田地，解放前由喇嘛耕种，这时，喇嘛庙的田地归了社里，喇嘛们也加入了合作社，成为社员。

马甸有的商人有土地。开始，他们不愿白白地献出自己的土地，而是往往派一个老人参加社里劳动，以观局势发展。过了一两年的时间，这些商人都把自己的土地捐给了社里，参加社里劳动的商户老人也都退出了合作社。这一类商人没有人成为农民。

为了扩充耕地面积，马甸农业合作社把后黑寺前的打鬼道场改为田地。这个打鬼道场原来是黑寺喇嘛庙每年举行宗教打鬼仪式的地方，也属于庙产，有近五十亩地。日本侵略者占领北京后，打鬼仪式中断了，这道场就成为废地。但也没有完全闲着，常有许多羊群、牛群在商业周转过程中在这里暂时逗留。道场上原来有两座倒塌的寺庙建筑废墟，还有几个不很深的大水坑。马甸农业合作社请来解放军战士帮忙，军民们把废墟清除干净，把几个水坑填平，把坚硬的地方挖松，社员们往地里施上农家肥，开始在这里种植玉米。到夏天时，这里的玉米长得很壮，绿油油的，社员们看了都高兴地咧嘴笑。

1956年春天，北京一些大学的学生演出队到黑寺前演出，慰问农民。那时候，这种演出一年中有几次。

农业合作社成立后，社员加入了某一个合作社，他原来的土地就归那个合作社所有。所以，马甸合作社的土地是分散的，有的田地在土城外的八间房村，有的在北顶。当时，北京城墙里边有一块菜地，好像在后海边上，也归马甸农业合作社所有。社员们有时候要到很远的地方去种地。

马甸农业合作社的生产以大田庄稼为主，也有不少菜地。

社员的产品分配主要是粮食分配。小麦熟了，就分小麦，白薯熟了，就分白薯。其他的粮食都在秋天分，有玉米、高粱、谷子等。

农业合作社很少分钱。社员家里的零用钱，基本用于买盐、油、布等，大家大都是家里养几只鸡，卖鸡蛋挣些钱。当时，马甸村里的供销合作社收鸡蛋。

一般社员家里，大人和孩子穿的衣服和鞋，差不多都自己做。

1957年，在四道口的某个单位礼堂里，晚上演出话剧《刘介梅》，政府组织马甸农民去看。这是一个由真人真事改编的故事。剧中的主人公刘介梅解放以前是个很贫苦的农民，解放后翻身做了干部，不久忘本，腐化堕落，成了资产阶级的俘虏。后经忆苦教育，改正了错误，忘本又回头。

这个剧是在反右运动前后演出的。

这一年，北京市修十三陵水库，马甸农业社派出不少青壮年社员去参加修建。其中一个叫王德耀的青年社员，在修水库的过程中，还远远地看到了前来参加义务劳动的毛泽东主席。他回到村里说起这事时，大家都觉得他很幸福。

第三节　人民公社

1. 公社成立

1958年成立人民公社。成立之前，海淀区政府派来了工作组，组织合作社的干部学习《中共中央关于在农村建立人民公社的决议》，为各合作社合并成立东升人民公社做好准备。公社成立之前先开了一个动员会。我当时十岁出头，随家里的成年人参加了这个会。我记得是在索家坟北边的一所四合院里。参加会的大多数是年轻人，院子里摆了几条板凳，有的人坐在凳上，有的人站着，北边正房前放了一张桌子，会议主持人坐在那里。会上发言很热烈，尤其是青年人，情绪激动，都表示拥护成立人民公社。

1958年9月5日，海淀区东升人民公社正式成立。下设生产大队和生产队。马甸农业合作社改为马甸生产队，隶属于东升公社北太平庄大队。单士贵任马甸生产队队长，副队长是孔宪奎。

人民公社成立后，要求家庭妇女参加生产劳动。为了解决她们的后顾之忧，还建立了托儿所。

这些妇女大都不识字，生产队就在地头支起一块小黑板，劳动休息时，让大家坐在地头，有人教识字。先要学会认识自己的姓名，再学习其他简单的字。这些妇女学习的积极性很高，在收工回家的路上，常常互相讨论新学的字。许多中年妇女在这一时期认识了不少有关生活和生产的字，达到了扫盲的基本要求。

公社成立后进行了土地置换。就是把远的土地给别的生产队，甚至是别的公社。各生产队只要离本生产队近的土地。马甸队的土地所属范围是：北土城以南，西土城以东，师范大学以北，德清公路（德胜门至清河）以西。

德清公路是后修的路，从马甸东后街穿过，公路东边的一些土地和居民，原来属于马甸村，解放后不久，被划给了朝阳区，所以不在马甸队的土地范围之内。例如，马甸东后街吴家菜园的主人吴荫亭住在德清公路以东，后来成为朝阳区太阳宫公社的社员。

土地置换后，社员们不再到很远的地方去劳动，生产活动更趋合理。

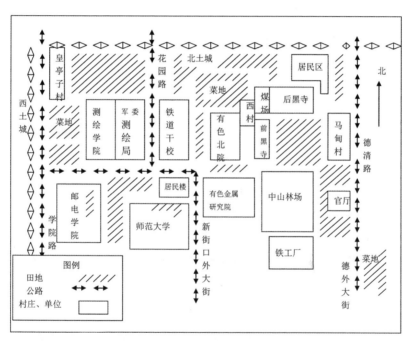

人民公社成立后马甸生产队所属田地范围示意图

2. "大跃进"

1958年开始了"大跃进"运动。

当时对"大跃进"做了广泛的宣传和教育。

在马甸小学校黑板报上写有不少关于"大跃进"的诗歌和漫画。我记得板报上有一首诗是这样写的："天上没有玉皇，海里没有龙王。我就是玉皇，我就是龙王，喝令三山五岳开道，我来了！"看上去充满了豪气。我们在学校里唱的歌曲也

1958年"大跃进"时的宣传画《粮食亩产到万斤》，马甸小学的墙上也贴过这样的画

是歌颂"大跃进"的："多么好，多么好，五年计划两年就完成了。为什么这样快？全国人民干劲高，为什么干劲高？我们有三件宝，总路线、'大跃进'、人民公社无限好。"在小学教室的外墙上贴了许多"大跃进"的宣传画，有关农业的大都画的是粮食得到高产。

　　"大跃进"讲究深翻土地，据当时的理论，土地翻得越深，粮食就打得越多。多得每亩地能产万斤粮。实际上，根据当时的生产力水平，每亩地能打上四百斤粮食就已经很不错了。

　　种庄稼要翻土地，这是常识。不然土地胶结在一起，庄稼就不长了。多少年来，土地都翻一犁深，不到三十厘米。

　　"大跃进"时的马甸生产队，深翻土地要翻五十厘米，用犁就没办法实现，只有用人工。我和小伙伴刚上小学三年级，也被组织起来去翻土地。每人一把铁锹，站成上下两排，前后距离有一米。上边一排把土挖起后，扔到前方一米以外，第二排站在前排挖过的地方，再挖起一锹，翻向前方，这样就有两锹深。差不多也有五十厘米了。当时，各行各业都在"大跃进"，放卫星。人有多大胆，地有多大产。没有人顾及事实，讲事实的人都被批为右倾。深翻过的土地后来连苗都长不齐，打的粮食也比往年少多了。事后，听老农解释说，长庄稼得是熟地，深翻上来的土是生土，生土长不好庄稼。

　　受"大跃进"的鼓舞，马甸生产队准备在黑寺前的打鬼道场种蔬菜。种蔬菜需要水。生产队就在黑寺前的古井上搭起架子，淘井深挖，让古井供水。这口井是在清朝顺治二年挖成的，已有近三百年的历史，是察罕喇嘛庙（后黑寺）的一部分，曾经水量充沛。这井很大，井口直径有一丈多，上面覆以石板，井壁用大块青砖砌成。1958年时，古井已经干枯，生产队组织了几十个人，挖出井里的淤泥。淤泥里埋了不少东西，有古代的腰刀，挖出来时连壳带刀都锈在一起了，有铁扎枪头，腐朽的木头和一些瓷器的碎片。大家干了二十多天，终于打出水来，好像还不少。因为在井和菜地之间是大道，生产队就在大道上挖出垄沟，沟上盖了石板，引水进地。但是，没过两个月，井水就不多了，再不久，水就没了，水井就又荒废了。地里的菜因为缺水，也长得干瘪枯瘦，没有办法，这块地不久又改种了白薯。

马甸生产队在上级的命令下学习"先进社"的经验，种了几块试验田。在"大跃进"中，向上级报的粮食产量要尽量高，产量高叫"放卫星"。大家比赛，看谁放的卫星多。试验田的目的是要放大的卫星。马甸的试验田中有一块是麦田。我记得这块试验田位于当时有色研究院北边，大约有三亩地。秋天下种时，施上了厚厚的粪肥，由于要进行高度密植，一亩地就下了约三百斤的种子，是正常时的近十倍。苗长出来后，虽然很细，却非常稠密。这在当时非常鼓舞人心，因为据说有的生产队的试验田用的是深翻近一米的田地，下种后竟没有长出多少苗来。马甸队的试验田在第二年春天返青后，麦苗长得又细又高。冒进的人认为这块地一定得高产，还组织人来参观。几个老农民则在私下说，这样的麦子打不了多少粮食。等到抽穗灌浆后，来了一场大风，麦苗全都倒伏了，好不容易到了收割季节，收回来的麦子还没有当初播下的种子多。

在解放思想的浪潮中，生产队在一块地里，试种了一种新品种高粱，叫多穗高粱。这种高粱植株较矮，只有传统高粱的一半高，秆较粗。一粒种子长出后，能分蘖多株，每株产籽也多。这块地因为人手不够，没来得及深翻，那一年得了高产。这种高粱没有传统的高粱好吃，但产量很高，后来不知为什么，这个高产新品种也不再种了。

3. 大炼钢铁

1958年提出的口号是："十五年超英（国）赶美（国）。"首先要在钢产量上赶上。那一年，全民炼钢，钢产量要达到1070万吨。

马甸生产队也要炼钢。炼钢炉就设在马甸小学校的操场上。炼钢的人有马甸生产队的农民，也有马甸街里的干部和居民。炼钢炉建的有一米多高，四尺多粗，圆柱状，下边烧火的地方，类似于农村的柴锅，上边炉体像个桶，口略收小，炉子外部用砖，内部用耐火材料糊上厚厚的一层。在与火接触的部分，则完全是耐火材料做成。耐火材料的原料是农民家中盛水用的大水缸，社员们把水缸抬到小学的操场，先把水缸打碎，然后打成粉末，用水搅成泥状。再掺上一些胶泥，里边放上麻刀。麻刀是用麻做成的一种材料，有专门的商店卖，但成本太高。农村里一般都是把废麻绳剪成小段，用细棍把这些小麻绳打开，打软。把麻刀放在里面，是为了增加黏合力。

等炼钢炉都干透了，放入生铁碎块，然后上边封住。下边烧火，旁有风箱鼓风，后有烟筒。

炉下烧的是木头，据说是硬木，硬木燃起的火旺。我看到，也有很少的煤。我那时还是小孩子，炼钢时不许靠前，但可以站在不远处看。

生铁碎块也是在操场上加工的。马甸小学的操场，原来是后黑寺的藏经殿，藏经殿在解放前被火烧毁后，留下了平坦而坚硬的石基。就在这石基上，生产队把社员原来做饭的生铁锅拿来，有的把居民取暖用的生铁炉子拿来，都用大锤打碎，然后再用小锤把大一点的铁块，打成半寸见方的小铁块。这就可以放在炼钢炉里了。不知道为什么，炼钢的原材料，一定要用生铁。

那时，我们小学生不上课了，叫我们去捡硬木，捡回来好炼钢。有一天回到学校，看见教室旁佛殿前甬道上的铁香炉不见了，我去问老师，老师说，铁香炉打碎了炼了钢铁。

生产队长单士贵亲自指挥炼钢。当时参与指挥的还有几个土专家。经过好几天，尽管火烧得很旺，风箱也拉得呼呼响，钢却没有炼出来，生铁都被烧成黑乎乎的铁疙瘩，扔在操场很久，后来不知被谁拉走了。又过了一段时间，炼钢炉也被拆去了。

4. 集体食堂

1958年时的土炼钢炉，旁边是风箱

公社成立后不久，就建立了集体食堂。社员离开家里的锅灶，到食堂吃饭。马甸生产队的食堂设在马甸东后街的一所四合院里。院子门朝南，东房是厨房，西房是饭厅，北房平时锁着，可能是食堂管理员和厨师住宿以及库房等。食堂开始还用饭票，有人收票，发食品。不久，就改为无人售饭，自己交饭票，自己取饭。饭票放在一个大盘子里，如果你用的五角票买饭，你取的饭只是三角，你自己找回两角。我看到，大多数人都自觉，但也有人交两角，取了饭以后，又找回五角的。再后来，就白吃了，吃饱了算。

好长时间没吃饺子了，大伙都建议食堂管理员吃顿饺子。单士贵从田里叫了几个女社员回来帮忙包饺子。到中午时，饺子煮好了，倒在一个大筐箩里，自己去拣了吃。孩子们都饿了，又馋，一拥而上，把饺子都抢了。社员们只好躲到一边去，让孩子们先吃。一会儿就吃完了，等着第二锅。第二锅捞出来后，又让孩子们抢了，吃饱了也不走，等着吃第三锅。过一会，第三锅也给抢了。社员都着急了。我听见几个社员说："照这种吃法，到天黑，孩子们恐怕都吃不完。"他们找到食堂管理员并想了个办法：把孩子们集中到一间房子里，让他们吃，吃不动了，就赶出食堂院子，再不许回来。我吃饱后就去上学了，不知道社员们这顿饺子吃到什么时候。

饭随便吃了以后，有个别人就把窝头等拿回家里做成酱，自己吃。有些孩子，把熟白薯拿到学校，使劲地朝墙上摔，白薯就粘到了墙上，不久就被太阳晒干了。那时，马甸小学教室的山墙上，就粘了不少这样的白薯。也有一些学生把食堂的白薯、煮玉米、窝头等拿到学校，跟市民的孩子换包子、烙饼吃。

马甸生产队的食堂刚开始时只有一个，后来分为两个，分别是汉民食堂和回民食堂。回民食堂还在老地方，汉民食堂搬到后黑寺内的一所新盖的简易房子里，这房子在常喇嘛院子的西侧。

5. 粮食困难时期

到1959下半年，吃的就不足了，生产队的食堂开始定量供应粮食。本来，马甸生产队的底子比较厚，刚办集体食堂时库里有不少余粮。但根据上级的要求，必须把余粮调给缺少粮食的生产队。又加上"大跃进"和浮夸风，秋天并没有收入多少粮食。到食堂化后期，所有的生产队都没有了粮食。

进入1960年，生活更加困难。春天时，马甸前街河边的柳树芽几乎都被村民捋下来吃光了。

那时候，生产队食堂规定，每个社员收工时，都要交给食堂一筐野菜。不久，吃的粮食也很少了，比较好一点的食品是野菜窝头，说是窝头，其实没多少粮食，主要是野菜。食堂里根本就见不到猪肉、羊肉或牛肉。记得马甸的汉民食堂里曾经吃过一次黄羊肉，还吃过一次骆驼肉。社员们都传说，这是在内蒙古草原上用枪打的野黄羊和野骆驼。

食堂里开始吃各种能吃的东西。比如，玉米核磨的粉、玉米棒的皮磨的粉、白薯秧子、豆饼等。玉米核是玉米棒从秧上掰下来后去掉玉米粒剩下的核，平时用来烧柴锅，玉米棒的皮平时也是烧锅的柴火。白薯秧子和豆饼是牲畜吃的东西。

1960年，马甸生产队被分为两个队，农民和地都一分为二，西边的叫皇亭子生产队，东边的还叫马甸生产队。单士贵还是马甸生产队的队长。

1961年初，公社食堂再也不能维持，上边有政策，解散食堂，每人定量粮食，回家开伙吃饭。说是定量粮食，其实大都是豆饼磨成的面。我当时常从土城北边的树林子里走过，我看到许多榆树的树皮被村民扒下来磨成面吃掉了。

回家开伙吃饭，铁锅短缺，一户只给一只锅。原来社员做饭的锅在1958年时被生产队和村里收了去，都放到土炉里炼了钢铁。

这时候，生产队又实行工分制，社员凭工分领多少分钱和少量的粮食。

当时，马甸生产队的生产任务主要是为城市居民供应蔬菜。此外，也在地头或不能浇水的田里种些粮食。

公共食堂取消后，马甸生产队每户都发了购粮本，农民凭粮本到指定粮店购买粮食。马甸生产队成年人粮食基本定量每年360斤，儿童、学生则按其出生年月递减定量。这360斤定量是毛粮，就是没去皮的粮食。生产队如果生产了粮食分给社员，要在这定量里扣减。到粮店用购粮本买粮食，由于是毛粮定量，十斤毛粮能买九斤半粮食。

开始差不多有一年的时间，给农民供应的粮食大都是豆饼磨成的豆面。过了一两年，情况好些了，农民每人每月能有八斤标准粉（麦子面）、二斤大米、三两半食用油，其余粮食为杂粮。

到1963年时，德胜门外的饭馆，开始有卖高价窝头、高价糖、高价点心等。这说明，经济开始向好的方向转化。

这时，根据上级指示，给社员分了自留地，每人三厘。如果一家有十口人，就可以分到三分地。自留地种什么由自己决定，收获归自己。上级还有指示，鼓励生产队集体多开耕地，多开出的耕地，几年内不收税金。同时，鼓励社员养鸡和猪，上边拨给饲料，养殖人可以购买。

据海淀区档案馆资料记载，1963年，生产队长单士贵在自留地上种的小麦和玉米，一共打了20多斤粮食。这一年，他总共挣的工分有5800多。这一年，他还养了一只羊。

1964年，粮食虽然还是不够吃，但已经有所好转。

1964年，马甸生产队差不多所有的田地都种上了蔬菜。这是由于那时打机井的技术有了很大的提高，几乎所有的地都能用机井水灌溉。主要种植的蔬菜有西红柿、洋白菜、茄子、扁豆、萝卜、大白菜、韭菜、黄瓜、莴笋、土豆等。应该说，当时北京市民所吃的蔬菜这里几乎都在种植。

由于种菜，社员渐渐有现金收入，开始每月都能分到钱。

1963年秋到1964年，马甸开始"四清"运动。"四清"是清理账目、清理仓库、清理财务、清理工分。上级派来了工作组，以阶级斗争为纲，建立了阶级档案。运动开始时群众揭发了一些干部贪污、腐化等问题。马甸生产队的主要干部都以书面形式讲清了自己的历史。运动的后半部分，重新确定社员的阶级成分。阶级斗争的弦绷得越来越紧。

贾山在运动初期所写的书面材料中说："我家住西村。1902年生人。父亲是石匠。在刚十五岁时，父亲因病死亡。当时家里还有弟妹等七口人，靠母亲捡破烂、打短工、沿街讨饭为生。我长大后学会了瓦匠，开始给人打短工。后来租种了七亩坟地种，因为家里人多，又向马甸大同羊店租了四亩地。农闲时做些小买卖，也跑过口外。解放后，分了十几亩地，两间房。"（摘自海淀区档案馆资料）

四清运动原本是为了解决干部的"四不清"问题，从其内容看主要是经济问题。后来运动扩大化，演变成一场阶级斗争的实践运动和教育运动。马甸生产队还成立了贫农协会，"贫协"成为生产队运动的领导核心。

1964年，马甸农民重新划分阶级成分的主要依据仍然是解放时的土地经济状况。马甸的这次阶级划分，从1964年1月20日开始，到1964年5月27日结束并完成登记。

这次登记的总户数是122户。其中，雇农3户、贫农51户、下中农16户、佃中农14户、上中农1户、城市贫民2户、店员1户、职员1户、佃富农8户、富农13户、地主4户、未定4户。（见海淀区档案馆，档案号：4—107—47）

1965年以后，生产队所有的地都种上了蔬菜。社员平常也分一些蔬菜，秋天能分到几百斤的大白菜。现金的收入是逐渐提高的。开始，社员一天挣七八个工分，一个工分价值不到一毛钱，以后慢慢增多到几毛钱。现金的分配，是从每年四月开始，四月以后每月分钱，所分的钱是预分配，到春节前，才进行决算。决算是根据生产队一年的总收入，按每人所挣工分的多少，把社员一年应得的款项都分给个人。由于生产的发展，社员的收入有了很大提高。

6. "文化大革命"

1966年开始了"文化大革命"，马甸生产队及其中的社员都卷入其中，不能幸免。所幸，生产队当时不劳动就没有饭吃，所以，农业生产没有停止，但仍然受到很大的影响。运动高潮时，一些蔬菜不能按时种上，熟了的西红柿常烂在地里。

"文化大革命"开始后，社员的自留地都交回生产队，家里也不许再养鸡、养羊了。

"文化大革命"中，马甸生产队也出现了造反派组织。在周边一些学校红卫兵的参与下，马甸出现了抄家、批斗、游街、捆绑、毒打等事件。在"文化大革命"期间，马甸因"文化大革命"非正常死亡的有好几个人，有农民也有居民。其中有的是被打死，有的是自杀。

1969年，人民公社改为军队编制，马甸生产队不再叫生产队，改叫"延安大队一连"，连长叫孙圣文，指导员叫孟宪银。原来的生产队长单士贵失去了领导位置。

"延安大队一连"指挥的第一件事情是在各家社员的院子里挖防空洞。1969年3月，中苏在边境珍宝岛发生交火，战争好像一触即发。上级认为，美、苏发动大规模侵略战争的危险随时存在，不仅要打常规战争，而且很有可能要打核战争。所以，当时提出"深挖洞、广积粮"，"备战备荒为人民"的口号。生产大队和小队都在驻地挖了防空洞，各家社员也限期在院子里挖好地道。我家的院子里也在靠院墙的边上挖了一个防空洞。我当时探亲在家，也帮助家里挖洞。防空洞先向下挖，然后再横向挖。我看到洞里四壁土质疏松，真怕它会塌下来。洞挖好后，所幸没有使用。但在当时听邻居说过，有的社员家里挖的防空洞塌了，还砸伤了人。

到1970年，运动高潮已过，马甸生产队又恢复了原来的名字，单士贵又被指定为队长。同时，农业生产也渐渐有了恢复。

1971年，随着知识青年上山下乡，马甸生产队也迎来了从城里分来的十三个知识青年。这些知青都住在知青点，知青点设有食堂，知青们买饭票在食堂吃饭。知青们每天都和社员们一起在生产队里劳动，开始由于对农活不通，每天只能挣三四个工分，后来学会了农活，每天也能挣到六七个分了。

1974年，统一分配下来的知青陆续离开了马甸生产队，返城工作。

1974年后，由于种菜技术的提高，菜地里建起了大棚暖室，一年四季都可以出产蔬菜。那时，马甸生产队种的小西红柿等蔬菜，还出口到日本等国家。也是从这时候开始，马甸生产队的社员慢慢富裕起来。几年以后，不少人家添置了手表、收音机、自行车、缝纫机等大件。这在当时的农村是很富有的了。

第四节　合作医疗

1963年，北太平庄街道在马甸村建立了小医院。这时候的北太平庄街道刚从东升公社分离出来，独立设置，并直接归海淀区政府管辖。小医院设在马甸沟嘴胡同与马甸前街相邻的一所院子里，门朝北。我记得当时小医院里有一位王大夫，四十多岁，中等个儿，有点胖。他是一位西医，也能看中医。还有两位岁数不大的护士，能拿药打针等。那时候，马甸的农民和城镇居民被分开管理。小医院的主要职能是为马甸地区的城镇居民看病，同时也为农民看病。

1969年，马甸生产队实行"赤脚医生"制度，东升公社有卫生院，要求大队有小医院，马甸生产队有"赤脚医生"。为了配套，北太平庄大队就从街道把马甸的小医院接管过来，成为农业系统的医院，地点仍在沟嘴胡同的小院子里。小医院门口新挂了牌子，写着"北太平庄大队马甸诊疗所"，但习惯上仍被人们叫作小医院。

小医院里来了两位赤脚医生，一位叫王小虎，另一位叫邵启家。两位都是马甸生产队的年轻人。这两位都在北医三院接受过培训，王小虎学的是西医，邵启家学的是中医。这位邵启家是我的一位邻居，上过高中，因为得了风湿病，腰有些毛病，所以高中没有毕业。邵启家当了医生后十分用心，医术提高很快，附近的人有了头疼脑热都爱找他看病。

小医院被北太平庄大队接管后，除了给社员看病外，也给当地居民看。社员看病五分钱挂号费，居民看病一毛钱挂号费。社员看病除了交挂号费外，其他费用都记账，不交现金，居民看病则一律现金结账。当时社员记工分，每个月只发几块钱的生活费，年底才决算分钱，决算的钱也不多。看病采用记账的方式给社员带来了很大的方便。

小医院有自己的中药房，由于资金和房子空间的限制，所备草药品种并不全。那些贵重的或是不易存放的草药小医院没有。我的一位邻居患了失眠症，邵启家给开的中草药里有一味药叫"全虫"（蝎子，用于镇静）小医院没有，后来患者到鼓楼中药店买到的。

那时候社员看病大都服用中草药。为了让社员看病省钱，小医院的赤脚医生还到山区去采集中草药，采回来后进行加工，很多药丸、膏药等都是他们自己加工制作的。

这个小医院在马甸生产队的社员都转为城市居民后仍然存在着，被称为北太平庄大队医疗站，直到2006年才被取消。

第五节　由农民变为城市居民

生产队社员的孩子们渐渐长大了，十几岁就参加了劳动。这些孩子有的初中毕业了，有的没毕业，有的连初中都没上就陆续到生产队干活。劳动力多了，生产队没那么多活，为了使多余的劳动力有活干，太平庄大队先后开办了几个直属工厂，有粉丝厂、电镀厂、农机厂、砂布厂和一个种子站。其中粉丝厂的效益非常好，每年上交大队60多万元。在一段时间内成为太平庄大队的龙头企业。青年社员都想去那里工作。

马甸生产队派出不少年轻人去上述各个厂工作，成为农业工人。这种农业工人的收入比生产队的社员要多一些，所以年轻人都愿意去。当时，北京市也不时征收一些青年社员到工厂工作，并转为城市户口。

1978年之前，蔬菜的生产与销售全由国营菜站统一计划安排。1979年，蔬菜的生产与销售改为生产队自产自销。这样，农民生产什么和怎样销售都由自己决定，激发了他们的积极性和责任心，因为品种多，应季应时，销售方法又多种多样，社员的收入有了大幅的提高。

后来，生产队里还实行了个人自愿分组承包制。比如，由一个人挑头，几个人组成一个小组，承包生产队的一个蔬菜大棚等。

这个时候的分配仍然使用每月预分和年底决算的办法。年底决算时，往往一个人分到几百块钱，这在当时已经是很多了，与北京的其他农民相比，收入是高的了。

这一时期，是马甸生产队最好的时期，冬夏都有农活，蔬菜四季常青，社员收入已经接近或超过附近工厂的工人。只是不像工人那样有星期天可以休息。

马甸生产队离城区比较近，许多青年女社员都嫁给了城市户口的工人，生产队里男青年找不到媳妇。随着马甸农民收入的提高，远郊区的女青年，甚至外省的女青年纷纷嫁到马甸。不久，这些外来媳妇的户口，都转成了正式的北京市农民户口。

1979年后，北京的建设有了大规模的发展，马甸生产队的田地渐渐被各单位占用了。到20世纪80年代初，马甸生产队的土地全部被征用了，马甸生产队的社员被分到了海淀区的工业和事业的各个单位，变农民为居民。

据《北京市人民政府（批复）京政地字（1981）39号》文件说："1981年6月24日，政府征用东升公社北太平庄大队马甸生产队全部土地，共约330亩，其中耕地180亩，非耕地150亩。社员246户，675人转为居民户口。"

1982年4月里的一天，大汽车拉着马甸生产队的最后一批农民，开向他们要去工作的各个单位。车上的人都不知道自己会被分到哪里。汽车走到一个单位，停下来，领导开始念一些人的名字。被念到的人走下车来，就是这个单位的职工。然后汽车拉着剩下的人接着往前开，再到下一个单位。就这样，当最后一个人走下汽车时，马甸生产队就完成了使命。

第六节　农业人物

单士贵

单士贵家住西村，农民，有一米七的个子，很壮实。单士贵生于1916年，其祖上是山东人，他的爷爷和父亲都做长工。单士贵从9岁开始给人放羊，到16岁做些小买卖，冬天卖白薯，夏天卖花秸，有时打短工。

花秸是小麦穗把麦粒碾下来后剩下的部分。过去，收麦子时，本地区是把麦子连根拔起，捆成捆，送到场院。在场里，用铡刀把根去掉，剩下的部分带有麦穗，铺在场上，用碌碡碾（liù zhóu）压，麦粒就从麦秆上脱落下来。由于碌碡的碾压，麦秆已变得扁平柔软，就叫做花秸。花秸与泥和在一起，用来抹墙，是农村建房筑墙的必用材料。碌碡是畜力牵引的农具，由木框架和石磙子构成，石磙子上有平行的棱槽，用于脱粒，也用于压实土地。

单士贵因为穷，在三十一岁才成亲（1947年）。成亲后，他靠卖花秸攒下了一些钱，就买了一辆牛车，来往于张家口和北京之间做买卖。往张家口拉盐，再带回皮货。那时不许卖私盐。每次卖都是偷偷地，遇到盘查就会有损失，所以仍然很穷。以后，他就租马甸商人的地种。1949年，妻子为他生下一个男孩。这孩子生来就痴呆。两年后，他的妻子病故。

那时，单士贵有一亩三分地。又和别人一起租了七亩地种。

解放后，土改时，单世贵从地主那里分得了自己的土地。

1953年，单士贵结了第二次婚。妻子叫李桂兰，是年32岁。

1954年，单士贵和别的农民首先建立了互助组，不久互助组转为马甸农业合作社。1955年成立高级社，单士贵先是当生产队长，不久被选为马甸农业生产合作社社长。

那时，村里有一些人，没有土地，也没有正当职业，也不愿入合作社，1955年冬天前后，政府就动员这类人移民到宁夏去，马甸西后街有一家姓邵，听说补偿很优惠，就决定移民。单士贵给邵家戴上了大红花，让社里的马车送邵家到火车站。1961年，全国经济困难，邵家五口人从宁夏跑了回来，以捡破烂为生，拣菜头为食。那时候，大家都在吃野菜，别人也没办法帮助他。单士贵又请示上级，让邵家入了生产队，给了一份口粮，并给他们找了房子居住。

1958年，成立人民公社，单士贵是东升公社太平庄大队马甸生产队队长。单士贵没什么文化，虽然识字不多，但当生产队长倒也够用了。作为乡亲，他讲人情，作为队长，他处事公平，因此得到大多数社员的拥护。

生产队每天都要派活，有些人挑肥拣瘦，不愿意去干组长指派的活。矛盾就被推到单士贵面前。单士贵这时候不讲大道理——他也不会讲大道理，他会阴沉着脸开口就骂："你个混蛋，派你活你又不干，没有一天你是顺溜儿的，今天你要是不去，我就收拾你这个兔崽子！快去！"被骂的人虽然不高兴，可不得不去。

在"文化大革命"中，单士贵由于根红苗正，很受上边重视。他像大多数人一样身不由己，随波逐流。但他在领导岗位上，自己也难免容忍并做了一些极"左"的事。运动高潮时，他也一度失去了队长的职务，高潮一过，他又被重新任命为马甸生产队的队长。

1965年，单士贵唯一的儿子病死了。又过了几年，他的第二个媳妇也得病死了。再以后他就独身。

单士贵在1978年前后退休。退休后不久，他在西村的住房和宅地被有色研究院征用了。之后，政府在塔院附近给了他一套楼房。他自己过着退休的生活。没过几年，他就病倒了，不能自理。生产大队的人把他送到一家养老院，几个月后，因病去世，终年约70岁。

第五章

教育和学校

马甸地区是回族聚集区，马甸的教育从一开始就具有民族特色。

第一节　马甸的早期教育

马甸的早期教育存在两种形式。在清真寺内，有经堂教育。在清真寺外有私塾教育。

马甸清真寺建于清朝康熙年间，自从建立以后，就断断续续地办有经堂教育。这个史实在马甸清真寺古碑上有记载。

经堂教育是明代陕西人胡登洲所创，开办的初衷是为了培养阿訇的接班人，教育内容是学习《古兰经》，学阿拉伯文，不学汉文。这种经堂教育是我国回族教育的初级阶段。同样，也是马甸回族教育的初级阶段。

私塾教育方面，在马甸义学胡同办有义学，此外，马甸附近的小关村、西村都办有私塾，吸收马甸的学生参加。这种私塾和义学规模不大，而且都不巩固。

马甸本村的教育家丁子瑜先生在清末民初就在马甸办义学。根据丁子瑜的自述，他是在民国四年（1915年）接办这所义学的。同年，他又把这所义学改为近代小学。（见《正道》1卷2号—1930年）

义学是私塾，是不收费的私塾。据马甸的乡老说，丁子瑜的祖父也在马甸办过义学。

丁子瑜所办义学是在马甸义学胡同北边的一所院子里。解放以前，义学胡同北边有两所院子，东边的一所院子住的是一家姓安的居民，西边的院子就是当年义学所在地。这个胡同也因义学而得名。这所义学在丁子瑜接手之前就已经存在很久了。

私塾不是近代小学。私塾与近代小学在教育目的、教育理念和方法、教育内容和形式都不一样。只从外在形式来看，私塾和义学不分年级，不分科目，学习内容单一。小学既分年级，又分科目，学习科学知识，学习内容广泛。

马甸的私塾和经堂教育向近代小学的转化有一个过程。在这个过程中，教育的进步充满了艰辛，充满了进步思想和落后思想的斗争。

早在清朝末期，政府就采取措施，促使私塾向近代小学靠拢。尤其是辛亥革命后，马甸的国民小学教育加快了代替私塾和经堂教育的步伐。

第二节　1909年的清真寺学校

在清末民初，各种新的思潮纷纷出现，北京回族教育在王浩然、张子文等人的影响下，掀起一场新教育运动。

1909年（宣统元年），马甸清真寺聘请大阿訇张子文任伊玛目（伊玛目翻成汉文是教长、宗教首领）。

张子文到任后，在马甸清真寺内办起了新式学校。张子文以大无畏的精神，冲破了过去寺内不教汉文的习惯，开始读汉书，同时也学习阿文。

马甸清真寺这种新的教育实践，是被后来的历史学家誉为"近代回教第一次自觉的文化运动"的一部分。张子文阿訇是这场运动的倡导者和力行者之一。

在张子文办这所学校的前后，王浩然等人在牛街礼拜寺创办"清真第一两等学堂"，并在花市、三里河等清真寺设立学校。提倡在"经学中兼学汉文和科学"。

这种学校后来被叫作经汉学校或经儒学校。

这种学校的出现，是马甸乃至北京回民教育的第二个阶段，它从经堂教育向近代小学迈了一大步。

张子文（1875—1966年），名德纯，经名艾布·伯克尔，辽宁本溪人。他学识渊博，精通阿拉伯、波斯语、俄语、德语等多种外语，是现代中国著名伊斯兰教学者，著名大阿訇、教育家和社会活动家。

张子文到马甸任职后，看到清真寺门前每天有二十多个孩子要乜贴（要乜贴，请求捐赠，要求施舍），非常感慨，他说，这些孩子如果能上学读书，将来就不会这样贫穷。要想办法让孩子们读书，孩子们不愿读也要强迫他们读，不能读书就要责怪家长。

张子文在马甸任职期间，独立支撑着这所学校。

在张子文到马甸清真寺任职之前，马甸的回族教育呈现的是一种落后的、封闭的状态。

马彭年先生在《北京回族教育八十年》一文中指出，在清朝二百多年中，回族子弟只在清真寺内学习经文、教义。这种经堂教育培育了伊斯兰教所需的人才，因此，经堂教育在中国回族史上有着重要的地位。

但是，只进行经堂教育，使回民对普通学问不注意，导致文化落后。只有突破经堂教育的封闭状态，发展普通教育，才能使回族群众跟上时代的发展。（《回族研究》1997.1）

这个分析，正切中了马甸回民教育的要害。

发展普通教育，学习汉文和科学知识，使回族群众跟上时代的发展，也正是张子文在马甸清真寺办学要做的事情。

学者张巨龄说，马甸的教育最早有文字记载的就是1909年张子文在马甸清真寺内办的这所学校。

张巨龄，光明日报高级记者，教授，回民史学家，中国回族学会常务理事，北京语言学会常务理事。全名是：哈吉·赛尔代·张巨龄。

最近张巨龄先生给我看了一本英文书的影印件，这本书是1910年在英国出版，书名叫《中国伊斯兰教——一个被忽视的问题》，作者是马歇尔·布鲁姆霍尔。这本书记载了1909年，一位英国人到马甸清真寺访问，见到了张子文办学的情景。书中说："北京北面的马甸庄清真寺是一座很美丽的清真寺，主持这个寺院的毛拉是一个非常平易近人的人。它有很高的文化修养，会说阿拉伯语、波斯语和汉语，还懂德语。这里有一个不大的学校，只有十五名学生。"（毛拉，即大阿訇——本书作者注）

张子文（1875—1966年）

书中描述的这所学校就是前面说到的马甸清真寺的汉经学校。说到的毛拉就是张子文。

这所学校开始学生不多，后来其他学校的回族学生纷纷转入。

在清真寺里教汉文，当时遭到很多落后人士的反对。他们认为，这简直是叛逆行为。他们碍于张子文的崇高威望，暂时没有公开抵制。张子文三年任满，1912年被花市清真寺请走任伊玛目，他所创办的这所经儒学校也就被迫停办了。

在这以后，在马甸回族内部，乃至在北京回族内部，这种文化思想领域的先进与落后的斗争持续了有几十年的时间。这场斗争有时是非常激烈的，甚至是流血的。这是一场是你亡我存的斗争。

在马甸，继张子文之后首先扛起前进大旗的是本村的教育家丁子瑜。丁子瑜在教育事业上与马甸的民族保守势力进行了长时间的斗争。

第三节 1915年的广育小学

1915年（民国四年），丁子瑜在马甸创办了广育小学。这所小学是丁子瑜在接办了马甸义学后，在义学的基础上创办的。这所小学回民和汉民都收。广育小学是私立小学。小学设立国文、算术、常识、修身等课程，这是一所真正意义上的近代小学。这个小学的出现，标志着马甸的回族教育进入了第三阶段。

马甸的回族教育应该说经历了三个阶段。最初是清真寺的经堂教育。这是初始阶段。这一阶段从明朝延续到清朝末期。到清末民初，出现了清真寺的经儒学校，这是第二个阶段。在1915年出现了近代小学，是第三阶段。马甸的民族教育到这个阶段才完成了从初始到近代的转变。这是从民族教育上讲。从一般教育来说，马甸的教育完成了从私塾教育到近代小学教育的演变。

这所小学全名叫"北郊私立广育第二小学"，刚建立时是四年制初小。丁子瑜任校长，兼任教学工作。这所小学刚开始仅有三间教室，学生上课是半日制，各班轮流使用教室。所聘教师也多为丁子瑜的亲友，基本是义务教书。

根据北京教育局档案，这所小学于1917年（民国六年）在京师学务局立案，当时有四个班，学生有52人。

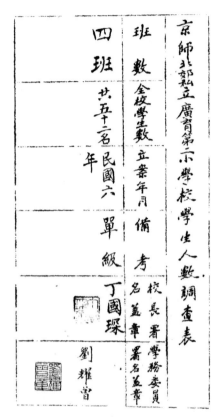

京师北郊私立广育第二小学校学生人数调查表

四班	班数
共五十三名	全校学生数
民国六年	立案年月
单级	备考
丁国琛	校长署　学务委员
刘耀曾	名　盖章　署名盖章

马甸私立广育第二小学立案时间和人数调查表（北京档案馆）

在这个调查表中，校长填的是丁国琛，即丁子瑜。国琛是名，子瑜是字。

广育第二小学刚建立时，是在马甸义学胡同。（有的文章说，小学初建时是在德胜门外25号，是丁子瑜的住所，即义学胡同。这是把几个地方搞混淆了。首先，丁子瑜的住所是在马甸25号，不是德胜门外25号。其次，丁子瑜的住所不是在义学胡同。义学胡同南边是马甸27号，再往南走两个门牌才是丁子瑜的住所。）这所小学对贫苦家庭儿童一律免费，并发给书本。

在丁子瑜后来写的一篇文章里，叙述了1918年他组织几所私立小学在马甸进行学生作文比赛的过程。

这所小学缺少经费，但一直在坚持。1921年2月17日丁子瑜有文章称："鄙人因校务大忙……"说明时过六年，他仍在马甸坚持办学。

1925年6月6日，北京学务局对小学登记，这时，丁子瑜的小学已经改在小关村，校名还叫"北郊私立广育第二小学"。小关村当时不大，村南有一座小的寺庙，小关村的人都叫作"大桥庙"。在民国四年（1915年）出版的《实测京师四郊地图》中，标明这座寺庙叫"武圣庙"。这座庙宇不知建于什么年代，人们推测是建于清朝中前期。这寺庙早已荒废。

马甸的乡老们说，在这座寺庙里很早以前就办有私塾，后来也有人在那里办过小学。我们不知道丁子瑜当时把小学搬到小关村的什么位置，当年的北京学务局的登记也没有指出具体地址。我觉得丁子瑜很可能把小学搬到了这座庙宇里。因为这里有办学的经历，有房舍，重要的是离马甸很近，只隔了一个健德门豁口。

丁子瑜是不得已才把学校从马甸搬到小关的。

按说，丁子瑜在马甸创办小学。不再教经学和阿拉伯文，而是教给学生国文、数学，以及科学知识和先进的思想，这对于马甸的教育是一个很大的进步。但在当时的条件下，和张子文所办的学校一样，丁子瑜和他的学校被马甸村里落后的人士看作是叛逆，丁子瑜为此遭到了各种各样的打击。伴随着丁子瑜建起的学校，这种打击就如影相随，从来没有停止过。我们拣几个重点人物和主要事件来回顾一下。

早在1921年，那一年暑气刚过，天还没有转凉，一天，像往常一样，丁子瑜在礼拜寺做完礼拜向外走，礼拜寺当时有里院和外院两个院子，他刚走出里院的门口就看见外院有本村派出所的两名警察站在那里。两个警察都带着枪，矮个儿的挎一把手枪，这是一名警官，高个儿的背一杆长枪。

丁子瑜知道，这两位警察今天怕是冲着自己来的。

在村里，跟丁子瑜作对的有好几个人，其中有一个是马甸一个羊行的掌柜，家里有钱。最近一年多来，他把羊行交给儿子打理，自己专门在清真寺里张罗各种事项。这在马甸被人们尊称为"乡老"。我们不提这个人的姓名，只用"某君"来代替。这种称呼方法在马甸是一个习惯。请读者查阅一下历史上有关马甸的文章，凡是在事件中较保守的人，都不提其名字。

"某君"曾经当面指责丁子瑜办这种学校是"叛教"，丁子瑜不为所动。"某君"对丁子瑜说："你最好把你的学校关掉，不然，不准你进清真寺。"丁子瑜说："你恐怕没这样的权利。""某君"回答道："好，走着瞧！"

丁子瑜知道前边的这两个警察与"某君"的关系很好，而且不是一般的好。平时，警察是不常到礼拜寺来的，即使偶尔来一次也不会带枪，那天来必有事情。他照常往前走，没想到警察却迎面走来。一左一右，与他擦身而过，并没有说话，却各自用肩膀撞了他一下。丁子瑜没有回头，直接走出礼拜寺。他知道，这是"某君"在威胁自己。

京師西郊私立育正小學校
京師西郊私立益智小學校
京師北郊前八家村地方公立學校
京師北郊私立廣育第一小學校
京師北郊私立宏育小學校

原屬南郊
劃歸內郊
原屬南郊
劃歸內郊

身成門外下門五湖觀音菴
身成門外鐵道灣單家菜園
德勝門外前八家村
德勝門外小閘
安定門外外館

1925年丁子瑜把自己的学校搬到小关村并在京师学务局的登记（北京档案馆）

过了些时日，"某君"见丁子瑜并不怕警察，照样来礼拜寺，于是又使出一计。他先是指使一些人劝说学生家长退出丁子瑜的学校，这使丁子瑜的学校有近一半的学生退学。接着又联合两个人给"京师学务局"写了状子，揭发丁子瑜与自己的女学生有不正当关系。

由于细节写得逼真，证明人齐全，有鼻子有眼，枝叶并茂，京师学务局主事官接到状子非常震怒，他当即拍着桌子对下属说："这样的人没有师德，怎么配作教师？快去查，若属实，立即取消丁子瑜的教师资格。"

调查人员来到马甸，丁子瑜受到极大的压力。许多人迫于"某君"的势力不敢替丁子瑜说话，但多数人知道丁子瑜是无辜的。村里有薛姓人家和王姓人家平时与丁家友好，且也是村里大户，两家出面力保丁子瑜，学务局主事官见事情并不像状纸说的那样简单，后来也就放下不管了。

"某君"见学务局没有把丁子瑜怎么样，就又以丁子瑜办学校，事涉"叛教"转而把丁子瑜告到法院。

丁子瑜写信给法院说："本校悬挂总理遗像，被××指为叛教，其并为难家长，令子弟退学，国琛自民四来乡办学，迄今十八年矣，毕业者三十二班之多，在创设之初，因风气之固闭，备尝艰苦，所幸历年毕业诸生皆能立身社会，本校亦稍博微誉。请保护教育。"

丁子瑜后来又给法院写信指出，"某君"的一些行为才有悖教规。丁子瑜揭发说，一年前，有一位汉族年轻女人到"某君"家乞讨要饭，"某君"见该女年轻貌美，就拉进家门做了夫妻，后纳为二房。这件事既有悖道德又有悖教规。

这些信件现在都保存在北京市档案馆。

法院此后也没有再审理相关事件。

后来，丁子瑜见学生大量退学，只好做出妥协，在自己的学校又开始教经文和阿拉伯文。1925年，他把自己的学校从马甸搬出，迁到马甸村北的小关村。这一方面是可以避开"某君"的锋芒，同时又可以招收土城外的学生，扩充生源。学校搬到小关后，马甸那些没有退学的回族小学生仍然追随学校到小关上学。

广育第二小学在小关上课没有几年，在马甸学生家长的要求下，大约过了有两年的时间，学校又搬回马甸，在丁子瑜的住所马甸25号上课。

1931年1月20日，北京学务局对各私立小学进行调查，丁子瑜的"北郊私立广育第二小学"仍然在册。

此时，"某君"仍然不依不饶，他又叫人联系近旁村镇的民族保守势力，各村出具请愿书，要求在礼拜寺立碑，模仿光绪十一年的故事，永远驱逐丁子瑜，不许丁子瑜再进礼拜寺。其中，索家坟代表出具的理由是：丁子瑜的学校不教经文，是叛教。太平庄代表的理由是：丁子瑜的学校挂教外人孙中山的像，是叛教。还有几个其他村镇的回族代表也发出了呼吁，要求驱逐丁子瑜。

若被驱逐，丁子瑜根本就没法在马甸立足，更不用说教书了。

丁子瑜知道，马甸村的回族群众大多数是愿意让自己的孩子到新式学校上课的。虽然有人迫于压力不敢来，丁子瑜坚信那只是暂时的。为了保护自己的学校，他不能坐以待毙。在这几年中，他开始注意和研究对手的动向。1932年，他向公安局揭发了"某君"勾结前黑寺喇嘛拆毁盗卖前黑寺大殿梁木砖瓦，盗伐寺里松柏的事实。

以前，村里也有人向公安局报告有人盗卖前黑寺铜钟，盗卖门窗等事。因为盗卖款项很大，此次丁子瑜揭发后，公安局又派人来调查。"某君"以为自己做得神不知鬼不觉，没想到没有不透风的墙。他有点怕"鱼死网破"的结局，心里甚至有点忌惮丁子瑜。

对于来调查的人，"某君"少不了破费打点，后来公安局处理了几个参与盗卖的小人物。经过这一场惊吓，"某君"听从了别人的劝告：见好就收。结果碑也没有立，事情也就渐渐过去了。

有不少资料显示，在当时的北京，许多回族教育的先进人士，都曾遭到来自民族内部保守势力的打击。有的被要求鞠躬赔礼，有的被勒令从此不许再写文章，有的人甚至被打得头破血流。但这些人不屈不挠，坚持进步，这才使马甸乃至北京的回族教育不断前进！

1932年3月（民国二十一年三月二十六日），丁子瑜在给别人的一封信里说："国琛自民四来乡办学，迄今十八年矣……"由此可知，丁子瑜的小学在1932年仍在坚持。

在这之后又坚持了一两年，因为经费不足，这所小学不得不停办。停办的时间是在1934年前后。

丁子瑜的"北郊私立广育第二小学"在马甸存在了近二十年的时间。

丁子瑜（名国琛，字子瑜），回族，马甸西村人。生于1884年，卒于1946年。其父丁善恩曾受聘于马甸清真寺任教长。丁子瑜是丁善恩的第四子，上面有三个哥哥，大哥国瑞、二哥国珍、三哥国璋。丁子瑜生有三子三女。

1906年，二哥国珍创办《正宗爱国报》，丁子瑜参与其中。担任编辑、记者，并兼管校对。

丁子瑜的大部分时间是从事教育和教学。他在马甸办学，并不图名，也不图利。用他的话说是"为国图强盛，为邻里谋幸福"是"总期有益儿童身心"。

丁子瑜一生清贫、节俭。他的生活来源主要是靠稿酬。他除了从事教育和帮助办报外，还写有许多文章。他是民国时期的著名社会评论家，有《寻月指南》《劝国人猛醒》《代小民请命》等著述出版。其中《寻月指南》出版于1931年12月，是伊斯兰教历算著作，是一本科学类书籍，在当时的出版物中，是一本比较有名的著作。

随着历史的发展，保守势力逐渐退出舞台。 丁子瑜在马甸的教育工作得到越来越多的称赞。1936年5月28日薛文波请丁子瑜来"西北小学第四部"任主任（当时不设校长）。这后来，由于时局变化，他又在马甸办了几所小学。直到1946年病逝。

有乡亲问我，丁子瑜当初办的小学为什么叫"广育第二小学"？广育第一小学在哪里？为此，我去查了有关的档案。档案里记载，丁子瑜的"广育第二小学"是在1917年立案。在他立案之前，北京已经存在有两个广育小学。宣统元年（1909年）十月，有一个私立广育小学登记，校址在西郊，校长叫齐燦章。这所小学在1916年仍然存在。民国五年（1916年）六月，另一个广育小学立案，地点在南郊，校长叫王兰。档案中没有见到"广育第一小学"的名字。丁子瑜在给自己的小学起名时，很可能是要区别以上提到的另外两个广育小学。

在马甸的教育事业中，丁子瑜如中流砥柱。在北京的民族教育中，丁子瑜也有着崇高的地位。

马甸的乡老回忆说，丁子瑜体态中等，个子较高，是一位以教书为职业的儒者，本人没有其他财产。

马甸村的村民应该记住这位乡老，记住这位教育家。

第四节　1921年的清真寺小学

1921年7月，马甸清真寺又一次开办小学。小学设在清真寺内。教室是南房四间，教师室是北房二间，操场是房前空地，能容一百多人。学生有八十几人，男生七十余人，女生十余人。

这所在清真寺里办的小学，已经是一所近代小学。

小学的创办人有两个：马甸清真寺教长李廷相，马甸村村正马树声。为获政府承认，李廷相在小学成立之初，即到学区询问立案手续，于1921年8月初给所辖学区——郊外北区，呈递报告及立案表件。郊外北区劝学员舒庆春亲自为马甸清真寺小学书写申请报告，他把自己的报告和马甸清真寺的表件一起呈送给政府学务局。舒庆春在报告中引述李廷相等人话说："以本村缺乏公立学校，失学儿童日渐增多，拟于清真寺内设立国民学校，经费由清真教及羊行商会按月补助，自能永久维持，而无有始鲜终之虞。"

学务局收到报告后，又叫郊外北区劝学员舒庆春去马甸实地调查，舒庆春于1921年9月12日前往马甸清真寺调查，李廷相在校接待。舒庆春实地察看了有关校舍、操场、教室及黑板等教学设备，接触了教员，查看了学生及课程设置，尤其是对经费来源做了详细询问。李廷相报告说，开办费由清真教捐助三百余元，经常费用由清真教及羊行每月捐助十五元，不足之数仍随时由清真教中捐助。舒庆春调查后又写报告给学务局，说明一切如实，符合办校规定，请予以立案。

学务局于1921年10月19日立案批准，定

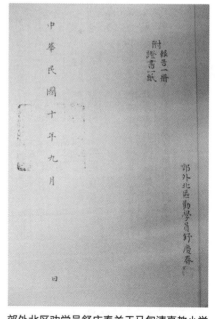

郊外北区劝学员舒庆春关于马甸清真教小学申请立案给学务局的报告（之封面）

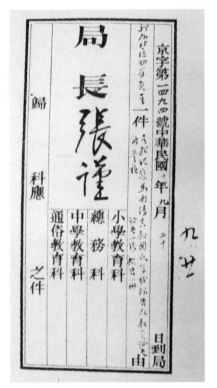

郊外北区劝学员舒庆春关于马甸清真教小学申请立案给学务局的报告（之一页）

校名为：京师北郊马甸清真教国民学校。

郊外北区劝学员舒庆春就是著名文学家老舍。老舍，生于1899年，卒于1966年，满族，祖籍北京。原名舒庆春，字舍予。他于1918年毕业于北京师范学校，担任过小学校长、郊外北区劝学员等职。

在舒庆春的调查报告中介绍了马甸清真寺小学的基本情况：

小学校名誉经理：白宗诚。董事：马振声、马树声、沙溥。

校长：金廷选。教员：金廷选、李廷相。

设置：小学一、二、三、四年级。学习科目：修身、国文、算术、本国历史。

经费：羊行商会每月补助八元。马甸清真教每月补助七元。

支出：校长，不支薪。教员每人每月六元，二人计十二元。杂费每月三元。

教员资格：金廷选，直隶第三师范毕业。李廷相，前清文生，现马甸清真寺教长。

白宗诚：前京师北郊地方自治议事会议员。沙溥：前京师北郊地方自治议事会议员。

马振声：马甸村村副。

以上关于马甸清真寺办小学的内容，由北京档案馆查得，这里做了必要的整理。

小学的创办人，马甸清真寺教长李廷相是张子文学生。

1921年被政府承认并命名的清真小学并没有延续几年。这所小学在李廷相任期满了调走后，不久也就停办了。

李廷相（名廷相，字虞宸）是一位著名的回族学者。他有《天经译解》《圣谕祥解》《天方奇异劝善录》等著作出版。

1929年清真寺又办有小学。这所小学是李廷相所办小学停了几年后又办起的另一所学校。在一件民国十八年（1929年）发生在马甸的羊只牙税案件中，有一段审问涉案人员的记录档案，其中有商会人员提到过马甸的羊行商会要捐助本村的清真小学一事。

这所学校的寿命很短，在1929年底就停办了。这是因为，1929年在马甸实行税收改革，这次改革，切断了马甸的羊行商会捐助清真小学的资金来源。

从以上的记述可以知道，马甸的教育总是断断续续，在教育从落后走向进步的过程中存在着各种各样的困难。

回族学者薛文波因为马甸是其家乡，所以对马甸的教育格外关心。他写了一篇概括马甸教育的文章，发表在1930年5月25日出版的《月华》报上，文章写道："马甸教育言之，殊为可悲！以其现状而言，直可谓无教育。马甸回民约四百户，以平均一家一人论，则不下四百人。试观教育之处所，有学校一处，在马甸本街。私塾两处，一在西村，一在小关。学校为'广育初等小学'，丁君子瑜主办，学生约五十人，徒以志大境约，鲜有赞助，然竭力苦心，犹不少却。马甸儿童受国民教育者，只赖此校，维持一线光明耳。就以前情形言之，张阿訇子文苦心焦虑，悉力兴学，马甸教育，顿显朝气，失学儿童，有机会可以读矣。然阿訇独立支持，助者无人，学校寿命，即为消灭。李虞宸阿訇在马甸目睹斯情，提倡兴学，马甸教育又有曙光。然好事多磨，毁者众，不久生命又为断绝！七八年来，再无敢问津兴学者。"（李虞宸即李廷相教长）文章说："甚矣，马甸教育之厄运也。试观受高小教育者，全马甸无一人，受中等教育者无一人，受专门教育者只一人，受大学教育者只一人……以马甸每年羊只之捐税，不下三四十万元，其他捐税，教民莫不景然认缴，负担之义务，不可谓轻。政府对于马甸公益毫不关心，不知人民所享之权利何在，此素所痛心疾首者也。"

薛文波的这段话，写出了马甸教育的基本状况及教育的艰难。

薛文波（1909—1984年）

第五节　1923年的后黑寺小学

马甸有两座很大的佛教寺庙：南边的叫慈度寺，俗称前黑寺，北边的叫察罕喇嘛庙，俗称后黑寺。两座寺庙都建于清朝初年。后黑寺有四进大殿，最北边的大殿是藏经楼，称为后殿，是一座两层楼的殿宇。后殿的一层，原本是供喇嘛学习的地方。还有一座供大喇嘛休息的活佛仓。活佛仓有三个相连的院子。因为房子众多，就成了办小学的好地方。

在这里办学是要给寺庙付租金的。

1923年牛文煜在德胜门外后黑寺办起了小学，校名叫：北郊私立第八国民学校。学校建立不久，学务局对学校进行验收，要求学校送自检报告，校长牛文煜在规定时间内并没有送去自检报告，学务局在1923年2月11日撤销了这所学校的立案。对于校长牛文煜，我们也没有得到进一步的资料。

从已有的资料看，牛文煜是第一个付诸行动在后黑寺办小学校的人。这所小学可能存在的时间不长，也许没有开课就失败了，因为我在马甸的调查中，从来没有听到马甸的乡民有人说起过这所学校，哪怕是传说都没有人记得。但是档案还是为我们记载了这样一个事实。

（资料来源：北京市档案馆。档案号：004-003-046）

第六节　1934年的后黑寺小学

1934年，由薛文波等人在后黑寺建立了一所小学。这所小学不是丁子瑜的广育小学，也和牛文煜的第八国民学校没有关系，这是另一所小学。

我于几年前在马甸做调查时，听到许多老人说，黑寺马甸小学是薛文波发起创办的。

2006年1月5日我和马甸的几位老人聊天并向他们请教。老人中，一位姓马，是年75岁，一位姓李，74岁，家住马甸玉兰园。两位老人都说，马甸小学在日本之前（卢沟桥事变之前）就成立了。马姓老人说：是薛文波和孙绳武发起办的马甸小学。薛文波曾当西北中学的校长。"文化大革命"受过冲击。曾经去过甘肃。

有的老人说：当时和薛文波一起办学的还有马育兰、丁秉卫、马国玺、马廷璧。薛文波是主任，其他四人是学校董事。

我于2005年12月15日访问姜文忠，是年姜文忠72岁。他七岁时在后黑寺上小学，上到二年级时不上了。他上小学时，教室是在后黑寺藏经楼一层。他回忆说，藏经楼二层没有人上去，里面住进了黄鼠狼，老师上课时，二层的黄鼠狼有时还嗦嗦地跑。他说，他上学前，后黑寺早已是小学了。

张巨龄先生最近给了我一份资料，是孙绳武于1934年7月发表在《校史述要》上的一篇文章。文章说："二十三年（1934年）二月，薛君锦章（即薛文波）鉴于北郊马甸西村失学儿童之多，拟纠合同志，兴办小学，并拟题名本校（本校，指西北公学，孙绳武当时任校长）小学第四部，来请绳武以实获我心，而力主之。西北小学第四部遂于三月十八日正式开学。"（西北公学是当时北京最著名的回民中学，后来改名叫西北中学。）

小学成立后，薛文波任主任。

这里已经很明确，黑寺小学于1934年3月18日建立并开学，校名叫"西北小学第四部"。

小学设有六个年级，地点就选在后黑寺里。

小学占用后黑寺活佛仓的部分房屋和后殿的一层。活佛仓西院正房是教师办公室，其他为教室。

据乡老回忆说，薛文波后来请丁子瑜回来任校长。薛文波则被推举为名誉校长。（据张巨龄先生说，"西北小学第四部"当时不设校长，只设主任。则丁子瑜当时是继薛文波之后任主任。薛文波则被推举为名誉主任。）

从档案资料看，丁子瑜是在1936年5月28日来"西北小学第四部"任职的。但这个档案并没有明确这样说。丁子瑜在1939年填写的一份简历中写道，他于1938年2月创办了"马甸短期小学"，但他填写的到职时间是1936年5月28日。而这时他自己的学校还没有建立。我想，他的填写是正确的，因为他办的"马甸短期小学"实际上是"西北小学第四部"的连续。如果再联系马甸乡老的回忆，我以为这个日期就是他应薛文波之请来任职的日期。

据乡老们说，薛文波还请马甸同达牛羊店老板马育兰任学校董事，马育兰任职后，自己拿出许多资金来帮助这个小学校运转。

1937年，抗日战争爆发。薛文波当时已是国民政府的官员，并任国民党北平市党部委员。日本当局威胁利诱薛文波合作，薛文波不从，他化装离开北京，经香港到重庆，从事抗日教育工作。

由于抗日战争爆发和薛文波出走，"西北小学第四部"在1937年冬天就停办了。

第七节　1938年的马甸短期小学

"西北小学第四部"停办以后，许多学生失学。过了几个月，丁子瑜把一部分失学的低年级学生聚集起来，在自己的住所办起了小学。1938年2月，小学开学讲课。小学叫"马甸短期小学"。

丁子瑜当时住在马甸街25号，25号在马甸街东边靠北一点的地方。他自己任教员。当时有学生41人，男生36人，女生5人。（见北京教育局档案）

短期小学是指教育时间短，马甸短期小学只设一年级和二年级。

不久以后，这所小学得到当时政府教育局的承认，并转为市立小学。

第八节　1939年的西村短期小学

1939年丁子瑜奉命办起了另一所小学。这所小学的全名叫"北京市立北郊西村短期小学"。这是一所公立小学。创办于1939年8月1日。校址是在后黑寺。校长是丁子瑜,另有两名教员,杨德宽和赵崇启。

丁子瑜在描述这所小学建立原因时写道:"本校于民国二十八年八月奉北京特别市公署教育局训令,以市立德外马甸短期小学,德外大关清真寺短期小学,清河清真寺短期小学,安河桥清真寺短期小学,四校合并而成。原为一年制六班,民国二十九年八月,奉局令改为二年制。三十年四月,缩为五班,以迄于今。民国三十年九月。"

这所小学开始由四校合成,过了不久,德外关厢办起了两个小学,清河及安河桥都办起了小学,这所西村短期小学实际上就成了马甸地区的小学。

1941年,丁子瑜在给教育局的调查表中,报告了西村短期小学教员的情况。内容如下:

教员概况表(校长一人,教员二人)

校长	丁国琛,五十四岁,北京市人。(丁国琛,字子瑜。)
学历	北京市小学教育讲习会毕业,京师小学教员检定委员会指定合格正教员。
经历	北郊私立广育小学校长,市立德外马甸短期小学校长。
科目	级任。
年级	二年级一班。
每周教学时数	540分钟。
职薪	65元。
家族人口数	大口,四口。小口,一口。
到职年月日	二十五年五月二十八日。
住址	北京德胜门外马甸25号。
教员,杨德宽,三十岁,北京市人。	
学历	北京私立西北中学高中师范科毕业。
经历	北京私立西北中学附设第六小学教员。 市立德外大关清真寺短期小学教员。
科目	级任。
年级	一、二年级各一班。
每周教学时数	1080分钟。
校薪	56元。

家族人口数	大口，三口。小口，一口。
到校年月日	二十五年五月二十八日。
住址	北京德胜门外马甸64号。
教员，赵崇启，24岁，北京市人。	
学历	北京私立西北中学高中师范科毕业。
经历	北京私立穆德小学教员。
科目	级任。
年级	一年级两班。
每周教学时数	1080分钟。
校薪	56元。
家族人口数	大口，五口。小口，一口。
到校年月日	三十年八月二十三日。
住址	北京宣武门外牛街沙栏胡同14号。

丁子瑜在给教育局的调查表中，对学校的校舍和设备阐述如下：

"学校面积：叁亩。产权：察罕喇嘛庙。月租金：贰拾元。

校舍分配：普通教室三屋十间，每间容50人。办公室三间。储藏室一间。接待室一间。工役室二间。厕所三间。体育场两处。共计二十间，体育场二亩。

学生桌椅60份，办公桌椅三份，均由教育局拨给。"

在给教育局的调查表中，丁子瑜对于经费和学生的描述是："年经常费：2931元。教师薪俸：2268元。工薪：234元。办公费：189元。房租：240元。现在学生数：一年级三个班，男64人，女37人。年龄，最低：9岁，最高：12岁。二年级二个班，男56人，女15人。总计：五个班，男120人，女52人。"

学校设四门课程，国语、算术、常识、修身。其中，前三门各有专门课本，修身课讲《孝经》《名贤集》。

丁子瑜对学生家长也有一个统计。1941年时，学生家长的职业，农界：18人；工界：52人；商界：88人；学界：2人；警界：3人；自由职业：9人。

1945年抗日战争胜利，国民政府回到北京。这所小学被保留下来，国民政府教育局把它改名为：北郊西村简易小学。1946年1月12日，国民政府教育局委派丁子瑜接收北郊西村简易小学，并任校长。实际上，丁子瑜从1939年就在这里任校长。这种任命表明，国民政府正式承认这所小学。

1946年2月26日，国民政府对郊区小学统计造册，马甸黑寺的"北郊西村简易小学"仍然在册。

丁子瑜在1946年去世。

第九节　1946年的马甸成达师范附属小学

1946年下半年，马甸后黑寺的"北郊西村简易小学"改名叫"国立成达师范附属小学"，由薛文需任校长。成达师范是一所回族学校，1929年在北平成立。日本占领北平后，成达师范迁到重庆。日本投降后，1946年薛文波带着成达师范由重庆迁回北平。薛文波当时是成达师范的校长。

小学校设六个年级，是一所完全小学。

1947年，国民政府统计马甸户口，在后黑寺的户口登记中，记载薛文需是"国立成达师范小校"校长。村里人说，薛文需是薛文波的弟弟。由此能够确认，当时的学校名称及校长姓氏。

解放前不久，后黑寺的藏经楼被大火烧毁，由于后殿藏经楼的教室被烧，寺庙又拨出两座配殿归小学使用。

解放后，马甸后黑寺的小学校改名叫"回民学院第一附属小学"。回民学院在牛街，马育槐当时任校长。回民学院是现在牛街回民中学的前身。

"回民学院第一附属小学"这个名称，一直用到1954年。1954年小学改名为"马甸小学"。我的邻居中许多比我大两岁的哥哥和姐姐们，他们是1953年上的小学，他们都有"回民学院第一附属小学"的校徽。

马甸小学的名称延续到2004年。

马甸小学在几十年的时间里都和薛文波的名字连在一起。

薛文波（1909—1984年），字西村，号锦章，经名哈吉·达乌德，回族著名学者，卓有建树的民族史学家、社会活动家、教育家和爱国民主人士，是中国穆斯林现代史上一位非常有影响的爱国民族主义者。

　　清宣统元年（1909年）2月26日，薛文波诞生于北京德胜门外马甸西村一个穆斯林家庭。约在清中期时，薛文波的曾祖父迁居马甸。祖父经营羊行生意，父亲曾在天津丁子良办的天津竹园报馆当账房先生，后来也回马甸经商。薛母为虔诚的穆斯林，是薛文波伊斯兰信仰的启蒙者。

　　幼年的薛文波先在西村私塾读书，后转入丁子瑜在马甸所办的"北郊私立广育第二小学"。

　　1927年，薛文波在京师公立第一中学毕业后，考入北平朝阳大学学习法律。1933年毕业于北平朝阳大学法律系。

　　1934年，薛文波在西北公学（西北公学是一所回民学校，又叫西北中学）教伦理心理课，并任训育主任。同年，薛文波与马甸的同仁丁秉卫、马国玺、马育兰、马廷璧等在马甸后黑寺创办"西北公学小学第四部"，吸收马甸、西村及附近村庄的回民子弟入学。

　　1937年初，薛文波任国民党北平市党部委员。

　　1937年卢沟桥事变后，薛文波离开北平，辗转来到上海。12月，经国民政府批准，"中国回教近东访问团"在武汉成立，薛文波为中文秘书。1938年1月20日，访问团经香港乘船出发，赴麦加朝觐，并访问了八个伊斯兰教国家，宣传抗日，争取伊斯兰教国家对中国抗战的同情和支援。

　　回国后薛文波在重庆任成达师范学校校长。 1941年，薛文波被任命为中国国民党青海省党部委员兼书记长。1945年抗日战争胜利后，薛文波回到北平。

　　1949年，薛文波出任国民党西北军政长官公署少将参议，兼文化教育处长，负责西北五省文化教育，后来起义参加革命。1949年随同中国人民解放军进军西藏，又转赴新疆，在当地穆斯林中做民族团结工作。不久奉命调到甘肃省，任甘肃省伊斯兰教协会副主任。

　　1964年，薛文波在"四清"运动中蒙冤入狱，长达八年，党的十一届三中全会以后获得平反。晚年的他全身心致力于宗教学、民族史学，以及诗词、散文

青年时期的薛文波

的创作。他陆续完成了《回回姓氏研究》《回回氏考》《西北民族史话》《伊斯兰教"什叶派"在中国》等多部学术著作。

薛文波的老家住宅在西村的中部偏北，前后两个院子，门朝北邻街。

据村里老人回忆，薛文波身材高大，有点胖，很有风度。薛文波解放前已经很有名望，早就是政府官员，住在德胜门内一个叫做"铁香炉"的地方。"铁香炉"在德内大街西侧，德胜桥南边。因为那里有座玉皇庙，庙前有个很大的铁香炉。

薛文波每次回家看望父母，骑驴往返，来时到村口下驴，牵驴步行走到家门，走的时候也是走到村口才上驴，为的是对家乡父老的敬重。

1984年9月15日，薛文波因病在兰州逝世，顺主归真，安埋于兰州回民公墓。

第十节　解放初期的马甸小学

解放初期，小学与佛寺共存。山门、前殿为寺庙所有。喇嘛还定期在前殿举行法会。

小学在1953年前，不收汉族学生。那时候，马甸的汉族小学生要到关北头的火神庙小学去上学。到1954年学校才收汉族学生，并改名为马甸小学。

我是1955年上的马甸小学。在小学里，我们除了学习小学的课程，还有许多其他活动。

1956年，在土城北边的田地上，栽上了杨树和柳树。学校组织学生在树中间种黄豆，校长告诉我们，黄豆根上有根瘤菌，能制造氮肥，可以给树木增加营养，同时，我们自己还有收入。校长说，将来用卖黄豆的钱给师生买一台电视机。我们于是在春天里种上黄豆，在夏天常去给黄豆锄草。到1958年年初，还真的买了电视机，放在活佛仓的院子里给大家看。

学校操场北边有一处空地，学校把地分给各班，教学生们种向日葵、蓖麻、玉米等。我的一个同学，从他父亲那里学了嫁接方法，就在蓖麻秆上，割开一个小口，嫁接上黄豆苗。当然，这种嫁接不会成功，但活跃了同学们的思维。

到麦收时，学校组织学生去帮助拔麦子，或去麦地里捡麦穗。

少先队还组织队员去公路捡马粪，然后送给农民。有时，少先队还组织学生去马甸街打扫胡同。

1957年年中，学生们放假约一个月，老师集中进行反右运动。

1958年春天，全社会都要除四害，小学校里也积极响应。四害是指苍蝇、蚊子、老鼠、麻雀。运动开始后，学校给学生规定，每天必须打死一定数量的苍蝇。打死后，装在火柴盒里或纸里，带到学校，由学生干部数了再扔掉。后来，学生提出这样不卫生，学校就不再要求往学校里带死苍蝇了，每天只报个数就行了。蚊子也用苍蝇拍打，但效果不好。那时候，苍蝇蚊子比现在多很多。每天傍晚，街上、路旁都有成群的蚊子在飞。有个学生想个办法：把竹棍从一头劈开，中间支个小棒，成一个"丫"字，然后裹上蜘蛛网（那时，蜘蛛网也很多），在蚊子群里摇来摇去，蚊子就被粘住了。打老鼠的主要方法是用鼠夹打。学校教大家自做鼠夹，也打了不少老鼠。为了鼓励打老鼠，马甸供销合作社收老鼠尾巴，五分钱一个。学生们还到田里挖田鼠。老师告诉我们，田鼠洞有几个出口，在挖一个洞口时，别的洞口要有人守住。打麻雀的方法挺特别，在一个星期天，学生们和社会上所有人都到室外，手里拿着锣鼓和破脸盆，一直敲打，没有东西的人就大声叫喊，让麻雀一直在飞，没有地方落脚，累死麻雀。据说有的麻雀撞死在庙的高墙上，我没有看见。之后从效果看，好像四害也没有少，可能是大家的卫生意识提高了。

此外，我们学生还在学校里接受一些其他培训。比如，怎样使用绷带，如何包扎伤口，如何救治伤员，旗语的使用和判读等。这是1960年的事，那时，国家处于许多敌对国家的包围中，不得不准备打仗。

马甸小学的校舍，除了学生上课外，解放初期，还利用学校的教室建了扫盲夜校。到每年夏天暑假时，常常有大雨，老百姓叫"秃尾巴老李上坟"，那是一种暴风骤雨。现在已经很少见了。在大雨中，常有其他村的土房严重漏雨，或是倒塌。这时，马甸小学就成了临时收容所。许多老百姓都住在学校的教室里。马甸的居民住房，都是砖房，虽有的漏雨，但没有倒塌。

有几年，学校的院子和教室又成了城里小学生过夏令营的驻地。那时候，马甸小学周围不远处都是田野，又有树林、塔院、寺庙。站在土城远望，青山远衬，古塔高耸，北边是绿油油的田地，近处是拱桥流水，确实是过夏令营的好地方。

1961年，在原来的前殿东边，马甸小学盖起了一座三层的教学楼。这以后，所有的教室和老师办公室都搬到了楼里，只有操场还用原来的。

第十一节　我的班主任老师

我上学时，马甸小学有许多优秀的老师。比如，年纪较轻的李老师，年纪大一些的金老师。金老师是满族人，解放前就在香山一带教书。

李老师名字叫李淑珍，女，北京昌平人，回族。1955年，李老师到马甸小学教书，那一年，她十七岁，刚从师范学校毕业，教一年级。那年我刚上学，她是我们的班主任。李老师当时住校，自己的课上完后，没有事就和孩子们在一起。学语文时，讲到蝴蝶，她就带我们去捉蝴蝶，告诉我们，蝴蝶还有很多种样子。学到花草时，就带我们到野外，去辨认哪是狗尾草，哪是马莲花。记得有篇课文，说蒲公英飞起来像个小伞兵。她就带我们去看蒲公英，摘下它的籽秆，用嘴一吹，蒲公英籽就从籽秆上脱落，纷纷飞起来，真像个小伞兵。李老师还教我们采下植物的花叶，做成标本，夹在本子里。二年级时，语文学习《伐木工人歌》，歌词写得很美，是问答式：

"叔叔，叔叔，你们好，为什么起得这样早？"

"啄木鸟已经敲过头遍鼓，小松鼠正在松树枝上做早操……"

讲过课文，李老师就带我们到中山林场去辨认树木。中山林场就在我们学校南边，距学校南门有三百多米。我们在树林里看了松树、柏树、杨树、柳树。李老师还带我们找杉树，李老师告诉我们，杉树是一种非常高的树木。我们绕了一圈也没有找到。

我工作后，走过许多省份，进过许多深山老林。我工作之余，总在注意寻找杉木，却没有见到。以后我知道，在东北的森林里生长着冷杉。我快退休时，在香山樱桃沟，见到了水杉。这是杉木的一种，树体高而瘦。

李老师一直在马甸小学教书，前后几十年。后来，学校里不再留有宿舍，李老师就在马甸前街租了房居住。李老师没有结过婚，一直单身。1993年退休，1995年因病在马甸去世，享年57岁。

第十二节　现在的马甸小学——海淀区民族小学

2004年，马甸小学改名叫海淀区民族小学。

2010年11月10日，我参加海淀区民族小学校庆活动。小学的领导带我参观新近重建的活佛仓等建筑。活佛仓曾经是小学的教室和办公室，损坏了许多年。现在，已经按原样重建起来，其样式和我小时候见到的一模一样。门窗游廊油漆一新，非常漂亮。这座古色古香的四合院现在是学生们课外特色活动的地方。在原来建有无量寿佛殿的台地上，现在建了一座高大的方形建筑，据王副校长讲，这座建筑准备用作民族教育展览。原佛殿前的两座配殿，也已按原样重建。现已交给小学使用。

2014年5月30日，习近平主席来到海淀区民族小学，看望少年儿童，参加少先队员入队仪式，了解学校开展培育和践行社会主义核心价值观教育活动情况，并同少先队辅导员、教师、少儿工作者、家长、学生代表座谈，代表党中央向全国各族少年儿童致以节日问候。

马甸小学有许多有成就的优秀毕业生，像童话大王郑渊洁、中央电视台副台长李晓明、北京电视台艺术总监孙继范、北京教育学院副院长郭世安、浙江省衢州市人大常委会主任徐国庆、舞蹈家杨艺等。

在马甸后黑寺里办小学，最早的是1923年牛文煜校长。他在黑寺里创办了"北郊私立第八国民学校"，但没有延续下来。十几年后，在1934年3月，薛文波先生在马甸后黑寺里创办了"西北小学第四部"。从那时到现在，小学一直延续存在，校名如下：

西北小学第四部（1934—1937年）；

（因为日本侵华，日伪军对薛文波进行迫害，小学被迫解散，丁子瑜带着低年级学生搬到马甸其间叫"马甸短期小学"）；

北郊西村简易小学（1939—1945年）；

国立成达师范附属小学（1946—1949年）；

回民学院第一附属小学（1949—1954年）；

马甸小学（1954—2004年）；

海淀区民族小学（2004年—现在）。

小学的校长（主任），最早是薛文波，之后是丁子瑜。1947年到1949年，薛文霈任校长，薛文霈是薛文波的弟弟。解放以后，马甸小学的校长一共有五位，王德忠（1949—1964年）是我上学时的校长，现已逝世。王德忠身材魁梧，说话不紧不慢，人很和蔼。其他几位校长是：

于有林（1978—1983年）；

戚慧民，女（1985—1987年）；

陆宁，女（1989—1992年）；

李燕茹，女（1992—2003年）；

马万成（2003年—现在）。

如果要追寻这所小学的历史，应该说，薛文波在马甸后黑寺于1934年创办的小学是原马甸小学的前身，是现在海淀区民族小学的前身，如果计算这所小学的成立时间，应该从1934年算起。或者再扩充一些，从马甸村出现现代小学算起，应该从1915年丁子瑜办的小学算起。或者再早一些，从马甸清真寺出现经儒学校算起，应该是1909年张子文办的马甸清真寺学校。至于马甸以前的私塾和清真寺的经堂学校，与马甸的后黑寺小学没有什么关系。

习近平主席在海淀区民族小学

海淀区民族小学东门

　　在马甸民族小学的校史展览中，有一块展板展示的是历届校长的照片和历届优秀毕业生的照片，现把这展板的影像列在下边，以供参考。

马甸民族小学的校史展览中，有关历届校长
照片的展板

第六章　马甸清真寺

马甸清真寺正门

马甸清真寺位于马甸村前街西侧，始建于清朝康熙（1662-1722年）年间，距今已有三百多年的历史了。几百年来，马甸清真寺一直是回民穆斯林群众进行礼拜、讲经、教学的圣地。清道光三十年（1850年），社会各界又捐资重修马甸清真寺。1995年，又再修马甸清真寺。现在的马甸清真寺是北京市最重要的清真寺之一。

1999年，马甸清真寺被列为海淀区重点文物保护单位。

"清真"一词，据马甸清真寺管理委员会前主任马廷奉说，"清真"开始是用来介绍伊斯兰教教义，"清静无染，真乃独一"，同时也是称颂该教所崇奉的真主安拉"真主原有独尊，谓之清真"。查《辞海》的注解，大致也是这样说。所以，穆斯林称伊斯兰教寺院为清真寺，清真寺也叫礼拜寺，是伊斯兰教众诵经朝拜真主的神圣场所。

第一节　清真寺的建筑

马甸清真寺是传统的四合院式建筑，坐西向东，有三进庭院。第一进院子，院墙中部是大门，大门的门楼上写有"马甸清真寺"五个字，门楼由青砖砌成，院内除了两株槐树，没有别的建筑。第二进院子也有一座门楼，这门楼是石材砌成的，四周是条石，门洞是大理石。门楼上写有"清真寺"三个大字。院内南北两侧各有配房。第三进庭院是该寺的主体院落，庭院的中央是礼拜大殿，大殿建在九级台阶

马甸清真寺被列为海淀区重点文物保护单位

之上，有十六间房子大小，蓝色琉璃攒顶，非常壮观。大殿是坐西向东。礼拜时面向西方，那是麦加的方向。礼拜大殿的门柱上有一副对联，上联是："生天生地更生生"，下联为："化人化物能化化"。这副对联取自伊斯兰教创始人穆罕默德训义。在大殿的两侧牌匾上还写有一副对联。上联是"朝真主无形影万物作证"，下联是："参造化非高远义利人行。"大殿之外，左右两边各有十几间配殿和讲堂。

新中国成立初期，第一进院子没有门楼，院墙由青砖砌成的花墙组成。花墙北侧和东边各有一个门口，通向街道。花墙东门高于街道一米五左右，由多级台阶通到街上。那时，清真寺的大门是现在第二进院子的石门楼。古槐长在石门楼两侧。

清真寺南北宽有四十米，东西长近一百米。共计有殿房四十余间。清真寺的东门外是马甸的前街，南墙外是一条东西向的水道，水道南侧是一片居民区。下雨时水道里存满了雨水，没雨时水道是干的，可以走人，就像是一条胡同。水道临街的地方有一座小石桥。清真寺南边的人到寺里来都要经过这座小桥。清真寺西墙外是一块地势较高的庄稼地。清真寺西北角外是一片住宅，其北墙外是一个广场，长宽大约都有三十米的样子。解放初期，在这个广场常演电影。

整个寺院给人以庄严肃穆之感。

解放初期时的马甸清真寺正门

新中国成立初期时，清真寺的排水系统分为两部分。石门楼内的第二进院子和大殿内院的雨水经寺院南墙的排水孔排入寺南的水道。石门楼外至花墙的第一进院子地面铺的是青砖。院内分布有四个渗水井，在靠近内墙边处南北一字排开。渗水井口直径约有三十厘米，井盖是石头做的，石头上凿有十字花孔，以便渗水。渗出的水流向东侧的街道。当时街道的中部是一条由古道路演变成的河沟。

花墙内最北边的一个渗水井还有特殊的作用。当时，村里谁家要吃鸡，就把鸡拿到清真寺，请阿訇宰。阿訇把鸡拿到最北边的渗水井，蹲在那里，一边念经一边宰鸡。然后在渗水井处把鸡血控净再把鸡交给来人。

清真寺里有一口很好的井，水量充沛，井水甘甜。1955年，马甸接通自来水后，这口井就不再使用了。这井现在还在，在"文化大革命"后重修清真寺时，在第二个院子的北边大树旁，接出一间房，那口井现在就在这间房子的下边，井没有埋，只是被压住了。那井井口不很大，直径有一米多。

关于这口井还有一个传说，是我小时候听一位姓马的回族老人说的。这位老人说，清真寺当初选址，就考虑到寺里将来挖井，井水要充沛，水质要好，选来选去就选了现在这个地方。后来在寺里挖出的井水量大，水质洁净清甜。到他年轻时寺里要修井，清淤，让他去帮忙。井快修好的时候，井里的泉水汩汩地往上冒，他看见水头上浮着一只水罐。大家从井里打捞出这只水罐，这是一种农家用的"柳条罐"，用细柳条密密地编成，加之柳条见水膨胀，不会漏水。柳罐呈圆形，上口直径一尺多，类似于一只大的篮球从中间切开。清真寺里没有这种罐，他们也不知哪里来的这只水罐。过了几天，听说离清真寺有半里远的聂家菜园，打水浇菜时掉到井里一只罐，再打捞时，这罐就不见了。他们把清真寺捞起的罐拿给聂家看，聂家说，就是他家掉在自家井里的罐。

村里人说，这位马巴巴说的是真实的事。

清真寺内有很多古树，主要是槐树和柏树。这些古树都有三百多年的树龄了，至今长势茂盛。

清真寺内矗立着几座石碑，记载着本寺的重要事件。

在礼拜大殿北侧有一通石碑，是清代道光年间所立。这是一座重修碑，碑下是龙纹浮雕碑座，碑上写的是："重修京都德胜门外马店礼拜寺碑记。"其上边的碑文有的尚能辨认，有一些已经模糊不清。

碑文大体是说，中国首建礼拜寺是在广东。到宋真宗时，有节海那连始奉诏建礼拜寺于燕京（今北京）。本清真寺在清康熙年间即为回民朝拜之地。年久失修，本次重修获捐白银三千两。落款是：大清道光三十年。碑的背面刻的是重修时捐资商号，共有十四家商铺。

在礼拜大殿的南侧也立有一通石碑。这是又一次重修后所立的碑。立于1995年3月。碑书："百五十年后再修马甸清真寺碑记。"由中国作家协会理事张承志撰文，马廷奉书写。

在大殿北侧道光石碑旁，还立有一通小石碑。这小石碑没有碑座，直接埋在地下，其内容是记载了一次清真寺内部的事件。文字有的已经风化，从可辨认的字来看，是说寺里曾经有一个主要管理者，因为胡作非为，被众阿訇和穆斯林大众赶出寺外，并且永远不许回寺。这些带头的阿訇一个姓丁，另一个姓王，还有一个好像姓马。落款是：光绪十一年（1885年）乙酉菊月。

我曾经想了解这次事件的详情，但没有结果。这碑能够立在那里不动，说明这次驱逐事件是正确的，得到了大众的认可。这次事件说明，在回民宗教内

马甸清真寺古碑

部，有很强的纠错能力。

我曾向一位阿訇请教这件事，这位阿訇解释说，在伊斯兰教内，决定怎样处理一件事情，先看经上有没有说到，如果经上没说到，再看圣人是否说到，如果都没有说到，就用群议的方法来决定事情。

马甸清真寺的建立时间，有不同的说法。一种说法认为，清真寺建于清康熙年间，这有马甸清真寺内古碑碑文为证。另一种说法认为，礼拜寺内的古槐，传说已有四百多岁，据此礼拜寺也应四百岁。

若如此，建寺应在明朝1610年左右。

光绪十一年碑　　　　　　　　　　　1995年再修清真寺碑

我以为此说不妥。马甸清真寺若真是建在明朝末年，《日下旧闻考》应有记载。《日下旧闻考》记述了明清交替之际，马甸及其附近的所有重要古迹，为什么独缺清真寺？为此，还是以康熙时建寺说为好。

20世纪初，在马甸堂子胡同建立了清真女寺。女寺位于堂子胡同中部路南小胡同内。这是一个不大的四合院。三间北房，三间南房。东厢房和西厢房各两间。

三间北房中有半间作为门道，门口向北，两扇黑漆大门，门口左右各有一个石鼓门墩。这是向一位王姓教民借用的院子。院内有水井一口。北房两间半，为礼拜所在。南屋三间为经学讲堂，也是女阿訇下榻之所。聘马师娘主持寺务。其经费由教民供给。每日礼拜人数，夏日较冬日为多，其人数多则二十余人，少则十数人或数人。女寺内设有经学学堂，学生多为女孩子，也有少数的成年女性。学习人数也是夏天多，冬天少。多的时候有三四十人，少的时候有十几个人。

到20世纪30年代，在西村建立了清真女寺。马甸堂子胡同的清真女寺的院子就还给了王姓教民。

到20世纪40年代，这个院子卖给了马甸源盛牛羊店老板金福氏。到21世纪马甸拆迁时这个院子还在，只是已经换了几个主人。

20世纪30年代，在西村建立了清真女寺。西村在马甸西边一百多米，中间隔着黑寺。清真女寺坐落在西村14号。这里原来是马清泉的住宅，后来马清泉要把这里卖掉，作价1000元。当地乡老到外地写乜贴，买下这块地方作为清真女寺。女寺内有礼拜殿和水房、水井。南屋三间为经学，也是女阿訇下榻之所。这位"女阿訇"，就是当时马甸地区众乡老请来的胡师娘。胡师娘在清真女寺为女穆斯林传经领拜。当时，马甸地区以及周边地区的回族老太太们和青壮年妇女，都到西村清真女寺礼拜。

西村的清真女寺一直延续到1958年。1958年，马甸地区的人们在清真女寺内办了街道工厂。

第二节　清真寺的教育

马甸清真寺自建立以来，就开大学和小学。这在寺内北侧碑上有记载。这种学校叫经学，或者叫经堂教育。办学的目的是为了培养阿訇，学习内容是《古兰经》，学阿拉伯文，不教汉文。碑上所记的小学和现在小学的意义不同，它仍然是一种经学教育，只是学生的学习程度低一些，年龄小一些。

这种教育状况延续了几百年，直到清朝末年和民国初年，北京回族教育在王浩然、张子文等人的影响下，掀起一场新教育运动，逐渐改变了这种状况。马甸清真寺的教育方式也由此出现了变革。

1909年（宣统元年），马甸清真寺聘请大阿訇张子文任伊玛目，伊玛目翻成汉文是教长、宗教首领。

当时一份报纸记载了张子文上任马甸清真寺的盛况："初一那天，迎送张君上任。牛街为北京回教之总机关处，王浩然阿訇特派清真教育会会员数人，致送履新。是日十点钟，张君由牛肉湾礼拜寺乘四轮马车。迎接的车也很不少，更有白发省绅，也来欢迎。由顺治门大街（即宣武门内大街）向北至德胜门，巡官长警，沿途照料。出德胜门，有北营官兵护送。到了马甸地方，观者人山人海。寺前悬挂彩绸，开正门，阿訇前行，至殿台，本地掌教首事，引来宾向阿訇行一揖礼。来宾复向掌教首事等互相行礼，阿訇向众答礼致谢。赴宴后，阿訇向绅士参酌应行紧要事项毕，尽欢而散。"

张子文阿訇当时年仅34岁，就已经受到如此隆重的迎送，足见人们对他的拥戴之情。

张子文到任后，在马甸清真寺内办起了新式学校，冲破了过去寺内不教汉文的习惯，开始读汉书，学科学知识，同时也学习阿文。这个学校的出现在马甸教育史上是一个很大的进步。

这种学校后来被叫作经汉学校、经儒学校或汉经学校。在这一时期，马甸清真寺存在着两个学校，一个是培养阿訇的经堂学校，学生叫"海里凡"，另一个是这种新的经汉学校。

张子文是伊斯兰学者，著名大阿訇，也是民族教育家。他精通阿拉伯语、波斯语、俄语、德语四种语言。

张子文大阿訇1912年在马甸清真寺任期满三年，被花市清真寺请走。张子文离开不久，他所办的经汉学校也就结束了。

据曾任马甸清真寺的主管马振生、马廷奉回忆说，马甸清真寺开过经汉小学，但不巩固，时开时散。

1921年清真寺又开办小学。为了使政府承认这所小学，马甸清真寺教长李廷相（字虞宸）、马甸村村正马树声，打报告给政府学务局，请学务局备案承认这所小学。经老舍先生的努力，政府学务局于1921年10月19日立案批准，定校名为：京师北郊马甸清真教国民学校。校长是金廷选，教员是金廷选、李廷相。设置小学一、二、三、四年级。学习科目有修身，国文，算术，本国历史。

这所小学在几年后，李廷相教长任满调走，也停办了。

第三节　清真寺的阿訇

马甸清真寺曾经有过许多阿訇任职，1909年，著名的回族教育家张子文大阿訇在马甸清真寺任伊玛目。此外前后还有：李宗庆、张青云、戴景兰、杨得志、吴岐山、李虞宸、钱永贵、杨静轩、马芝兰、马清选、张文彬等。

1947年，国民政府统计马甸的户口，当时户口在马甸清真寺的阿訇有八人，这里用一个小表来说明：

1947年马甸清真寺在册阿訇一览表

序号	姓名	年龄	文化程度	序号	姓名	年龄	文化程度
1	王宝珍	76	私塾	5	王鸿祥	18	二年
2	史宽	70	不识字	6	石国瑞	30	阿文中学
3	李振东	27	二年	7	张德泉	25	中学
4	石明昆	29	三年	8	张振东	24	初小

此外，1947年时，还有几位阿訇不住在清真寺内，他们是，王桐（67岁）、王源（63岁）、丁占奎（35岁）、杨兴传、王达权等。

阿訇是波斯语，宗教师的意思。其弟子称海里凡，就是中国历史书上所说"哈里发"，是阿訇这一教职的继承者。阿訇可以不认汉字，但必须认识阿拉伯文。

上表中，史宽不识字，是指不识汉字。他认识阿拉伯文。

阿訇由品德高尚的穆斯林担任。阿訇要经过数年伊斯兰教育与培训，通熟《古兰经》与圣训，精通伊斯兰的法律与法规，并能按《古兰经》与圣训的精神去做，以身作则。阿訇的职责是：替圣传教，弘扬伊斯兰。

执掌清真寺教务的阿訇称伊玛目，又称教长，是宗教首领。教长职责是执掌清真寺教务，讲经传道，主持宗教仪式。教长一般是聘任制，有任期，任期到了以后可以续任。比如，大阿訇张子文在马甸清真寺任职三年。

阿訇的来源，有的是自己培养的。马甸清真寺从清朝到1945年，开大学讲《古兰经》，培养阿訇。此外，有的阿訇是从别的地方请来的，例如张子文。这些年是由伊斯兰协会选派的。

马甸清真寺的教务管理与事务管理分开，教务由教长负责。清真寺事务管理，在解放前，由乡老会管理。解放后，由清真寺民主管理委员会管理。管理委员会设主任一职，具体处理日常事务。

第四节　经济来源

马甸清真寺的经济来源，据海淀区档案馆资料，以前主要有四个方面：（1）羊店供给。羊店每卖一只羊，买卖双方各出一份钱。（2）马甸清真寺一带住户，每月给清真寺拿供给。每月由清真寺派人到各家去取。（3）社会上有乜贴给清真寺。（4）清真寺有百十亩土地，全部出租，每年收取粮食或租金。（档案号：57—102—37）

第五节　20世纪初期的马甸清真寺

20世纪20年代至30年代，正是民国初期中国社会大动荡的时期。那时，马甸村经常有不同派系的军队驻扎。这些军队互相之间往往发生战争，这给马甸的经济和社会也带来动荡。但是，由于马甸清真寺的作用，使马甸地区的宗教生活一直比较正常。不但如此，由于清末民初各种新思想的兴起，使马甸清真寺也出现了改革的春风。

本小节只说一下在20世纪初期有关马甸清真寺的各种相关情况。

我们首先来看当时马甸清真寺的建筑布局。

1930年，马甸广育小学校长丁子瑜在《正道》杂志发表一篇文章，题目叫《北平德胜门外马甸清真寺调查》，文章署名：子瑜。这篇文章对20世纪20年代马甸清真寺的建筑、布局、沿革、教育等许多方面做了很好的记述，是一份很有价值的历史文献。这份文献记述的马甸清真寺的建筑及布局到20世纪80年代都没有多少改变。进入20世纪90年代，马甸清真寺大修，其主要建筑及布局仍然没有改变，只是外面的花墙及院内的一些房屋和一些辅助性建筑有所变化。

那么，20世纪20年代马甸清真寺的建筑布局是怎样的呢?在丁子瑜的文章里有一份当年清真寺建筑分布图。可惜这张建筑分布图的原图不大清晰，主要是标注的数字有所遗漏。我们根据原图重新画了一张图，各建筑分布位置全按原图，只是把不清晰的数字根据解放初期本人所见标写清楚。这份图的标注和说明仍使用丁子瑜原文。

丁子瑜文章所配原图：

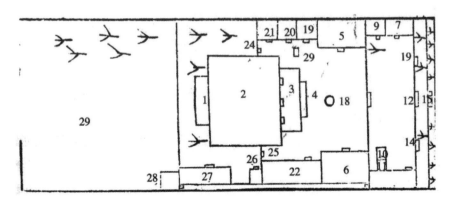

马甸清真寺分布图（原图）

根据原图新画的图：

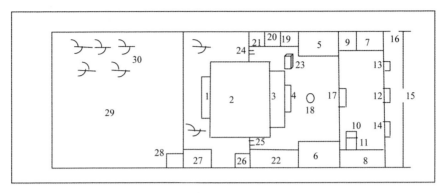

马甸清真寺分布图 （新画）

以下是丁子瑜1930年所写的马甸清真寺分布图说明。

　　马甸清真寺分布图说明马甸清真寺在马甸街之南端，面临大街，形式雄壮；其南为水道，西后乃黑寺前之空地，北面前半为教外人包姓坟地，后半为教民刘姓住宅。兹将寺内分布情形志之如下：（1）窑殿，计三小间。（2）正殿两进，前大后小，计十间。（3）抱厦，计三大间。（4）殿前石磴，凡九级。（5）阿文大学讲堂，亦为阿訇宿舍。（6）阿文学生宿舍。（7）伊玛目宿舍，亦为乡的办公处所。（8）清真浴堂。（9）屋内原有水井一口，今已废置，现为储煤之所。（10）井亭，与浴堂相通。（11）浴堂水锅室。（12）正门。（13）北角门（常闭）。（14）南角门（常开）。（15）正门外东、南、北有花砖墙三段，此为花墙正门。（16）花墙旁门。（17）二道正门。（18）鱼缸。[①]（19）掌教休息室。（20）散位阿衡休息室。（21）厨房。（22）空房四间，前两次办学在此。（23）重修石碑一座。（24）通西北院之月亮门。（25）通西南院及寺后园之月亮门。（26）寺师夫（傅）宿舍。（27）丧器室。（28）厕所。（29）寺园。（30）树木。

　　按：马甸清真寺，南北宽十丈有奇，东西长及三十丈，唯西北缺一角，占地约五亩。共计殿房四十余间，稍事变通，不但为全体教民祈祷之

---

① 注：鱼缸是一只烧制于明朝的蓝花瓷质大缸，在清真寺内当香炉使用。"文化大革命"时被红卫兵当四旧打碎了。

所，更可为地方团体之公共机关。惜教民智识未开，凡事故步自封，坐失良机，诚可痛也！

在20世纪20年代，马甸清真寺设立三位掌教，并聘有其他阿訇担任教化。

清真寺的经费由马甸羊行商铺及教民捐赠。清真寺的教务由掌教负责，清真寺的其余事物在早期由掌教和乡老共同筹划，到后来则由乡老负责。寺内办有学习经文的学堂。

当时，经文学堂的学生有十余位，聘请一位阿訇教这些学生。寺内当时虽有三位掌教任职，但有一位长期在外游学，并未参与管理寺内事务。那时马甸清真寺的掌教及阿訇都没有其他财产，也没有其他技能，其生活费用皆仰赖于教民供给以及他们诵经时所得的经仪。

从丁子瑜的文章看，他对当时的教务状况并不满意，在他的文章中写道："因思想幼稚，遂至一切革新事业停顿不进，仅知供养学堂、延师诵经而已。于普通教民之智愚，以及对于宗教正确认识与否，概未计及，诚可哀矣！而马甸真寺女寺中诸凡简陋，仅借一院落，房数间，延一女教师，教导妇女礼拜及教经文小学而已。"

20世纪20年代，马甸清真寺的各项礼拜活动都按规定正常进行。对于在清真寺礼拜的人数，丁子瑜在他的文章中有个统计，他说："礼拜人数：平日晨礼、晌礼、宵礼，约五六十人；哺礼、昏礼，三四十人。聚礼日约百五六十人。钦命斋月、'泰勒威吓（赫）'同开斋节，均三百余人；宰牲节二百余人。"

这里需要对丁子瑜的统计做个说明：

1.平日礼拜：穆斯林每天按时做五次礼拜，分别是：晨礼、晌礼、宵礼、哺礼、昏礼。

（1）晨礼，时间是东方初现光亮（拂晓）至日出之前。

（2）晌礼，时间是中午刚过，到太阳偏至中途（与地平线呈四十五度）。

（3）哺礼，是在晌礼的时间结束后，直到日落之前为止的这段时间当中进行。

（4）昏礼，从日落（即太阳消失在地平线）之后，直至西方天边的红霞全消失为止。

（5）宵礼，自西方天边的霞光完全消失开始，直到第二天早晨拂晓之前为止。

2. 聚礼：即阿拉伯语"主麻"。穆斯林每星期五正午过后在清真寺举行集体礼拜。

3. 斋月：回历九月一日至十月一日为斋月。在斋月要做礼拜。

4. 泰勒威赫：斋月内每晚宵礼后举行的一次二十拜的礼拜。

5. 开斋节：斋月后，回历十月一日为开斋节。开斋节是穆斯林最盛大的节日之一。在开斋节要做礼拜。

6. 宰牲节：又叫古尔邦节，古尔邦节是穆斯林盛大的节日之一，在回历每年十二月十日举行。在宰牲节要做礼拜。

在丁子瑜的文章中对当时的其他礼仪也做了介绍，这些礼仪包括：

1. 封斋（传月法及封斋人数）

丁子瑜说："阿訇传月，沿袭旧规，仍以见月封、见月开为原则。至封斋人数，虽无精密之考察，男女约计五六百人，而封整月者约有三分之一而已。"

封斋是穆斯林的一种习俗，在斋月期间，成年穆斯林从黎明到日落期间不饮不食、不娱乐。

丁子瑜这段话的前四句对于现在的年轻人来讲可能不大清楚。在当时的马甸，好像并没有使用正规的回历，封月的开始和结束都以天上的月亮为准，这称为"见月封、见月开"。当回历八月结束的时候，傍晚天上没有月亮，这相当于阴历的月底三十日。第二天就是回历的九月一日，这时封月开始。一个月后，傍晚时，西边天空露出一个小月牙，这称为新月，这时封月结束，即开斋。那个时候，当新月出现时，马甸的前街和后街都有人大声喊："开斋了！开斋了！"这情景直到解放初期都是这样。

2. 天课（所纳的数目及用途）

丁子瑜说："本郡散天课人固有，而仅用于贫穷骨肉亲近之间，故无从探悉其确数。"

天课是伊斯兰的一种规定。伊斯兰教法规定，凡有合法收入的穆斯林家庭，须抽取家庭年度纯收入的2.5%用于赈济穷人或需要救助的人。在当时的马甸，这种情况大都表现于较富有的人帮助自己贫穷骨肉亲人及邻居等。

3. 乜帖（所纳的数目及用途）

"乜帖"一般指捐献钱财。在这里"乜帖"又指的是钱财。

在20世纪20年代，马甸清真寺每年都要办好几次圣事，这需要乜贴。丁子瑜在他的调查里说："圣事约办四五次，共需二百余元。'盖得雷'，百元内外。法图麦会，约百余元（亦不止一次）。阿訇及海里凡之供给，约千余元。浴室工友之斋月乜帖，五六十元。掌教之大开斋乜帖，三四十元。菲图勒乜帖，十元内外。浴室用煤乜帖，约二百余元。本寺院修理费及外郡修筑寺院并过往阿訇夷难乜帖，每年亦需五六百元（延师诵经及个人暗中之施散皆在外）。统计每年约需银二千二三百元之谱。"

丁子瑜这里讲的实际上是马甸清真寺在当时的财务支出。比如，"阿訇及海里凡之供给，约千余元"，就是说，每年用于阿訇的津贴和用于寺内经堂学生的费用，大约需要一千元。

在丁子瑜的这段话里，有几个名词要解释一下。

（1）盖得雷：斋月第二十七日过"盖得雷"夜，是斋月的高潮。清真寺举行"盖得雷"礼拜。礼拜前后要举行某些仪式，所以需要一些支出。

（2）法图麦会：这是一个节日，是为纪念穆罕默德的女儿法图麦忌日。时间是回历六月十四日。

（3）菲图勒：开斋时缴纳的施舍。

（4）海里凡：马甸清真寺内设有培养阿訇的经堂学校，学生叫"海里凡"。

4. 朝天房（到麦加朝拜）每年人数及办法。

丁子瑜说："本郡近百年来从无一位朝天房者，更无若何办法。"

在丁子瑜的调查文章里，对于20世纪20年代清真寺内的教育以及马甸村的宗教教育，妇女及儿童对宗教之观念，清真寺管理，马甸回族与村内其他民族的关系都做了介绍。这些内容对于了解当时马甸清真寺的历史会有所帮助，我们把这一段内容抄在下边，供大家参考。

丁子瑜说："宗教教育情形：中年以上男子大半幼而失学。近年虽逐渐开通，然教育事项仍无起色，已形成时代落伍中之落伍者。寺中虽两次创设学校，均因经费困难，未期年而停止。寺外有学校一处，为回民子弟受教育之唯一机关，即北郊广育第二小学校是也。该校原为地方义学，自民国四年经该校校长丁君国琛接办后，锐意改良。六年前在京师学务局立案，十六年夏添授经文。然因经费不足之故，不能扩充班次。该处回教子弟约有二三百名，而就学者仅三四十名；至升学者，亦只有薛文波、马廷璧等寥寥数人而已。诚可伤也！"

在谈到妇女及儿童对宗教之观念时，丁子瑜说："妇女大半信心诚笃，唯无知识，封斋者虽众，而礼拜者甚少。近自女礼拜寺成立，礼拜者渐多矣！至儿童因寺中无经学为之诱导，其对宗教之观念，概以其家长之观念为转移。虽经广育学校添授经文随时诱导，然学者亦仅二三十人，以马甸全体回教儿童比较之，不过十之一也。女寺附设小学，学生约有二十余名，其中以小女孩为最多。"

在说到马甸清真寺的管理时，"寺内并无董事会，主持寺务者仅富于财、强于力者三数人。至于所经营者，只曩昔清真寺中陈陈相因之一切事务而已。此外虽有一羊商公会，本地在会人虽多，而会址亦不在此。至地方自治，虽经有识者大声疾呼，竭力提倡，然应者寥寥，尚无端倪，而工作一层，更谈不到矣！"

对于马甸村当时的民族关系，丁子瑜说："本地教外人仅占清真教人十分之一二，且教外人大半业羊行，故感情极为融洽。若寺中稍事改良，教外人皆有入我教之趋势。①"

在20世纪20年代，马甸回族群众爱护宗教的观念是很重的。但对于宗教常识的普及还是稍有欠缺。按照教规，穆斯林是不能有烟酒嗜好的。但这个规定并不十分严格。在当时，马甸村的穆斯林教众里仍然有终年不进清真寺而且又有烟酒之嗜好的人，但人数很少，大概是百分之一二的样子。曾经有一段时间，主持清真寺事务的人比较得力，同时又有许多人帮助寺里经营寺务。寺里始终保持着五时的礼拜。马甸的教务在那时有很大进步，使一些过去从不进清真寺礼拜的人能够幡然觉悟。也有的人舍弃烟酒，专心向道。丁子瑜评论说："此亦马甸教门之好现象，唯诱掖指点尚有待耳。"

---

① 注：教外人皆有入我教之趋势：在解放前及解放初期，在马甸，汉族人可以改变自己的民族属性，信仰斯兰教并改汉族为回族。后来情况不同了，信教还是自由，改变民族属性就不被允许了。

第六节　马甸清真寺曾经遭遇许多磨难

1958年"大跃进"，受"左"倾思潮影响，马甸清真寺改成了工厂，阿訇们都参加了生产，不能再念经礼拜了。

1958年，在清真女寺内办了街道工厂。

1966年，在"文化大革命"中，马甸清真寺遭到了严重破坏。清真寺山门被毁，垂花门和大殿的蓝色琉璃顶子都被造反派当四旧拆掉了。寺内一只当香炉用的明朝时的磁花大缸被破坏。大殿被食品厂当仓库使用。院内南北讲堂和淋浴室被照明三厂占用，变成车间。

1978年12月，中国共产党召开十一届三中全会，拨乱反正。之后，国务院连发两次专门文件，指示各级政府严肃认真贯彻落实民族宗教政策。

1980年，西村清真女寺被收回。1985年，在清真女寺建幼儿园。

1982年，穆斯林教众从照明三厂和食品厂收回马甸清真寺。

为了使马甸清真寺成为广大穆斯林理想的礼拜场所，马甸地区的穆斯林民众自筹资金，重新修缮了礼拜大殿，南北讲堂，以及其他建筑，古寺又恢复了庄严肃穆的面貌。为纪念此事，在礼拜大殿的南侧立下了碑。

1994年，马甸地区危房改造，民房都被拆掉，在原地盖起了楼房。马甸清真寺被完整保存下来。西村清真女寺在拆迁之例。经会议研究决定，清真女寺产权归伊斯兰教协会所有。

第七节　马甸穆斯林使用的一些词汇

马甸的回族群众把逝世叫"无常"，某人死了，就说某人无常了。有红白事，大家凑份子，说凑乜贴，捐款也叫乜贴。

　　这"无常"和"乜贴"是阿拉伯语的词汇吗？我到马甸清真寺向阿訇请教这些问题。

　　接待我的是一位三十多岁的阿訇，他告诉我：乜贴，是阿拉伯语音译，意为愿望，比如说，某人乜贴很好，是说他的愿望好。乜贴还有别的词义，比如，由好愿望引申为资助、捐献。现在，回族群众所说的乜贴大都是资助、捐献的意思。

　　乐善好施是穆斯林的特点，每逢伊斯兰教的重大节日乜贴更多，乜贴是穆斯林给予清真寺等伊斯兰教活动场所的捐赠，以自愿为原则，不得强行摊派。伊斯兰教认为：纯真的乜贴是真主的机密，真主将它寄存在他所喜悦的穆斯林心中，它的实质是使穆斯林抛弃沽名钓誉。作为一个穆斯林，在他的一生中，所做的每一件事，无论是在伊斯兰教的功修中还是在平时的日常工作中、言行中都应该恪守伊斯兰教的教规，举纯诚的乜贴（虔诚的意念）而为之，否则他的乜贴也不会完美。

　　无常，在汉语里有三个意义：（1）变化不定。（2）佛教用语，佛教认为世间万物都在变化，没有长驻性，叫无常。（3）传说中的勾魂小鬼。

　　这位阿訇说，本地穆斯林所说的无常是汉语里的词汇，原是佛家语。穆斯林借用无常表示死亡，这是语言融会的结果。在伊斯兰教里，死亡又叫归真。伊斯兰教认为，人死不是真死，到世界末日时，要受到真主的评判，生前按真主的教诲做的，就能回到真主身旁得到永生。

　　回民管爷爷叫巴巴，巴巴是什么意思呢，伊斯兰又是什么意思呢？

　　阿訇说，巴巴在阿拉伯语里是老人、长者，是尊称。伊斯兰是阿拉伯语，伊斯兰的意思是和平。由阿拉伯语"所俩木"（suǒ lià mu）音译而来。伊斯兰教是入世的宗教，要信行合一，既要信，也要有行动。

第八节　清朝道光三十年所立碑的碑文

　　清真寺内的古碑的碑文共有六百多字，对于了解马甸的历史和宗教会有帮助，现把此文抄在这里，以供研究。

重修德胜门外马甸礼拜寺碑记

我朝之御天下也，列圣重熙累洽，声教覃敷，无远弗届。凡西方之经典有关教化者，皆敕建寺宇，刊刻经训，设立师长，以启愚蒙，至盛典也。回教肇于西域之天方国，贵圣穆罕默德生而敏达，及长，臣服西域诸国。其教以清真纯一为宗，崇正辟邪，著有《天经》三十部册。自唐明皇时始入中国，首建礼拜寺于广东。至宋真宗时，有筛海那速普定撒阿都的始奉诏建礼拜寺于燕京，尊崇真主，屏黜异端，被其化者，均知崇五伦，修五功，绍述先圣之雅化，阐明正学之渊源。幸生承平之世，族姓繁衍，国俗敦庞，家喻户晓，知重经学，而遵祖训，此礼拜寺所以随在皆有也。京师德胜门外，旧有清真古寺，创自康熙年间，为回民朝拜之地。年久失修，司事深虞废坠，爰鸠金庀材，重新殿宇。阅五月而功竣，金碧增辉，琳琅焕彩。大殿广十六间，施以鸠鹊，阶崇九级，蟠以蛟螭。殿之左庑为讲学经堂，右庑为清真小学讲堂及乡耆起居之所。大殿外房间凡二十有一，捐金计三千余两。其制度一以天方国克尔卜为准，规模称大备焉。维时寺之司铎者，与在事诸乡老叙其经营之始末，助捐者之芳名，欲勒之石，以垂诸久远，使穆民深悉艰难，益培根本，于以上尊朝廷之德化，永奉真主之命令，下垂后嗣之章程，未始非风化人心之一助也。是为记。

大清道光三十年岁次庚戌夏五月上浣之吉，例授文林郎、甲辰科举人、拣选知县仪征杨赞勋谨撰。白下竹溪氏陈鸿书丹并题额。（以上为碑阳面）

碑阴上写"均沾回赐"四个大字。

碑文：

荣茂店　顺兴店　永盛店　大兴店　永丽店　源兴店　大来店　广兴店
永兴店　新兴店　元成店　德成店　源顺马店　永顺店

第九节　1995年所立碑的碑文

清真寺内，1995年所立碑的碑文，共有五百多字，现把碑文抄在这里。以供研究。

百五十年后再修马甸清真寺碑记

马甸位置，在元之大都夯墙里侧，明清北京砖垣郊外，正当北出京都之古今正道，南接繁华人间都会，北连绵延百里平原。昌平路上，烟树不断，行至南口，燕山次第耸起，遮蔽坝上茫茫牧地。塞外严寒，羸羊难度，马甸回民不避劳苦求之，风餐露宿赶回，厩养野牧之畜，使之存活渐壮。间有微薄所得，生计即在其中。是为羊行。

生而为人，不信仰何以为证。自古中国回民，虽身居棚户泥屋，而心怀真理高贵。盛世乱世紧靠清真寺求生，温饱饥寒，仰仗伊斯兰迎送。想马甸一村寺尔，考古不能攀唐宋古建，若论真诚，则自信为大方无异。庭院有古树婆娑，叩树问史，多籍陕西，树四百岁，推测立寺亦有四百年之久。若据前碑，今之寺始建于清康熙时，道光三十年曾大举落架重修，渐渐城北名寺，远近传闻。

然则一百四五十年来，天灾人祸，谁能尽数，神圣之所，几遭辱劫。幸而天道凛然有序，岁历巡徊至今，穆民并无外援，但凭艰辛经营，日日涓滴，终于举意全美。三年迅忽，清真寺已然照古式翻修一新。如今进寺望雕梁画栋，上殿见一尘不染。心之喜悦，言辞难表。依例，修复之始末，常勒石以铭记。然而石碑难免于漶漫，生命终有其无常。即便圣洁之寺，亦有衰兴前定。痛感最应刻于石，更应镂于心者。唯有安拉乎，再无其他之主，唯有他永存不息。唯此一句而已。

西历一九九五年阳春三月
中国作家协会理事山东张承志领命撰文
尤素福马廷奉书丹并题额

石碑背面上部刻的是阿拉伯文碑文，其下是用中文雕刻的"两世吉庆"四个字。再下面刻的文字是：

恭告

连续三年修建工程费，共计耗资人民币四十五万余元，支援海淀清真寺修建乜贴人民币十一万元，连续三年收到众乡老赞助修建乜贴人民币六万五千余元。

第十节　结束语

马甸清真寺在北京是一座很著名的清真寺。来马甸清真寺礼拜的穆斯林有很多。平时每天来清真寺礼拜的穆斯林有几十人，主麻时有三百多人。每逢开斋节、宰牲节等重大节日，来寺礼拜的穆斯林可达八百人。到马甸清真寺礼拜的穆斯林，除了本地回民穆斯林和外埠来京的穆斯林以外，还有许多人是阿拉伯国家以及东南亚国家的外宾，另外还有一些大学的穆斯林学生，以及外国留学生等。

第七章 喇嘛庙

马甸有两座很大的佛教喇嘛庙。

喇嘛庙在马甸清真寺西北三百多米，紧邻马甸西后街。两座庙大致是南北排列，南边的叫慈度寺，北边的叫察罕喇嘛庙。两庙相距约五十米，中间是一条东西向大道。

《日下旧闻考》说："慈度寺建于本朝初年，俗名黑寺。以其与黄寺同为喇嘛所居，此覆以青瓦，固有是称。慈度寺北为察罕喇嘛庙，与慈度寺先后同建，俗称后黑寺。顺治二年（1645年），察罕喇嘛自盛京来，募化创建，未有寺名，即以其名称之。"

在马甸，慈度寺被叫作前黑寺。察罕喇嘛庙被叫作后黑寺。

这里所说的黄寺也是一座著名的寺庙，在马甸东南二里多，以前，站在马甸就能看到黄寺的塔尖。黄寺是顺治皇帝为西藏的达赖和班禅修建的。寺庙的屋顶全都覆以黄色琉璃瓦，名叫黄寺。黄寺是一座喇嘛庙。马甸的两座庙也都是喇嘛庙，但这两座庙的屋顶都覆以青瓦，青者为黑，是以俗称黑寺。

黑寺在清代和民国初年是北京很有名气的寺庙，那时候的北京人差不多都知道有个黑寺。这是因为黑寺每年举行一次"打鬼"活动，这种"打鬼"在北京很独特，是北京几百年间一项重要的民俗活动，届时黑寺这里旗幡飘舞，伞扇拥护，钟鸣佛乐，人山人海。

有人问："为什么慈度寺叫作前黑寺。察罕喇嘛庙叫后黑寺？"其实，在本地区"前"和"后"的用法有两种情况。一种情况是从重要性上分，主要的称为"前"，次要的称为"后"。比如：马甸的大街，主要的大街叫前街，次要的大街叫后街。另一种情况是从南北位置上分。靠南的叫"前"，靠北的叫"后"。比如：西村有两条胡同，靠南边的胡同叫前胡同，靠北边的胡同叫后胡同。在两个黑寺中，慈度寺在南，所以叫作前黑寺。察罕喇嘛庙在北，所以叫后黑寺。即使是现在，在一些老人中还有这种叫法，比如，在小区中，南北排列有几座楼，人们会把最南边的那座楼叫"前楼"。

黄寺佛塔的顶部

第一节　后黑寺

后黑寺正名叫察罕喇嘛庙。 察罕喇嘛庙在清朝是座大寺，属理藩院管理，在《理藩部则例》中又被称为"大清古刹"，察罕喇嘛庙在鼎盛时额定喇嘛为二百七十六人。

有资料说，察罕喇嘛早在清朝建立之前，就已经在盛京（今沈阳）为清皇族效力，他曾奉皇太极之命，带着大批贵重礼品，赴西藏朝见五世达赖喇嘛等西藏政教领袖人物，为清与西藏建立联系立下了功劳。

顺治二年（1645年），察罕喇嘛随清廷官员从盛京迁来北京。清政府赐地于德胜门外正黄旗校场以北的一块地方建造察罕喇嘛庙，作为他在北京的驻锡之地。并在京城远郊昌平、顺义等处赏赐香火地70多顷。察罕喇嘛则成为清代最早来北京建寺弘法的藏传佛教高僧。

顺治八年（1651年），清世祖又派遣察罕喇嘛等到西藏迎请五世达赖喇嘛进北京。

察罕喇嘛俗名叫拉喜额尔和，又名斯沁确尔吉，是内蒙古东部（今内蒙古通辽市）寿安寺喇嘛，由于他为清朝立下大功，顺治十三年（1656年），察罕喇嘛被清政府授予"达尔汗绰尔济"封号，又被称为"察罕达尔汗"。由此形成了察罕达尔汗转世活佛系统，但在民间仍简称之为"察罕喇嘛"。察罕达尔汗转世活佛至今已历九世。 第一世察罕活佛就是这位在马甸建立后黑寺的察罕喇嘛，他于顺治十八年（1661年）在北京圆寂。第九世察罕活佛叫"那日松"（1944—2013年），是由第十世班禅额尔德尼确吉坚赞认定的活佛。第九世察罕活佛曾任内蒙古自治区政协委

后黑寺石甬道上的香炉及石座与本图像一模一样

员。这位活佛于2013年6月27日在北京圆寂。

"察罕"是蒙古语"白色"之意，故后黑寺活佛仓又被称为白活佛仓。"达尔汗"是蒙古语，是对有特权人的尊称。

后黑寺坐北朝南，占地五十多亩，有四重大殿，依次为天王殿、大雄宝殿、无量寿佛殿和藏经楼。

山门为天王殿，殿内两厢塑四大天王立像。

天王殿后为大雄宝殿，又称前殿，殿内正面供三世佛，即：东方药师佛、中央释迦牟尼佛、西方阿弥陀佛（这是横三世佛，还有竖三世佛，与此不尽相同）。大殿西侧有关羽坐像，旁边有周仓牵马侍立。关公是作为佛教的护法坐在这里的。大殿东侧是观世音菩萨坐像。

山门和前殿之间，有一个很漂亮的大理石甬道。甬道上有一具金属香炉，立在大理石须弥座上，香炉有六尺多高，三足，圆身，外径约二尺多，上有重檐宝盖，非常精致。

转过前殿有五十米为无量寿佛殿，又称中殿。中殿建在台地上，台高约一米，台地呈长方形，东西长，南北略窄一些。台地的四面各有台阶通到地面。台地四角有龙头泄水孔。南面的台阶下，立有两通石碑，左右各一通。中殿内供有康熙皇帝赐予的金质无量寿佛。中殿前的东侧和西侧各有五间配殿，也分别建在独立的台上。

后黑寺建筑遗物——无量寿佛殿平台四角的泄水龙头（马甸民族小学网站照片）

中殿西北是活佛仓。活佛仓有三个院子。大门外有影壁，一进大门是外院，有几间南房和几间西房。再往里是内院，内院是东西并排的两个院子，都是四合院式建筑，有房二十多间。两院的设计也有特色，西院比较精致，四面有游廊连接各个房间。院内三间正房，两边各有一间耳房，共是五间北房。西院是察罕喇嘛（尊称察罕活佛）的住所。东院没有游廊，也是五间北房。西院的东房又是东院的西房。东院是其他大喇嘛的住所。在两院的北房前，另有小门连接两院。在活佛仓外院的大门东侧还有一口大铜钟。

这口钟置座在地面上，与屋顶一般高，这是一口很大的钟。据《日下旧闻考》记载，这口钟"为明时'最胜寺'旧物。上铸尊胜楞严神咒，三十五佛，全部金刚心经，正德十年（1515年）都督同知朱宁造"。

后黑寺东侧门遗址，现为海淀区民族小学南门。
这两棵槐树位于后黑寺东侧门外，是建寺时所栽。

中殿东北是后殿，又叫藏经楼，有大殿五间及配房数间。后殿是上下两层，外砖内木结构，内有楼梯通向二层。

寺庙的山门两边各有一个侧门，侧门外旁又各有一口大井，井的直径有一丈多。井壁用青砖砌成，井口盖有条石。山门和侧门旁，各栽有两棵槐树，这槐树是建寺时所栽。现在仅留有两棵，在马甸民族小学南门（原后黑寺东侧门）前，树龄已经有三百多岁了。

后黑寺的围墙很大，寺墙内除了前面说到的四个大殿和活佛仓等主建筑以外，还有十几亩地和几处院落，院落给喇嘛居住，土地给喇嘛耕种。在寺庙主建筑和辅助建筑之间有围墙隔开，形成东西并排的三个院子。中间的院子是寺庙的主建筑，两侧是田地和辅助建筑。1955年，我在这里上学时，看到在活佛仓南侧，无量寿佛殿西边有一个面积很大的建筑遗址，上面有比较小的立柱基石（柱础），这基石比大殿的基石小多了。据村中乡老说，这里原来是一个院子，里边有许多房子，是普通喇嘛的住所及库房等。

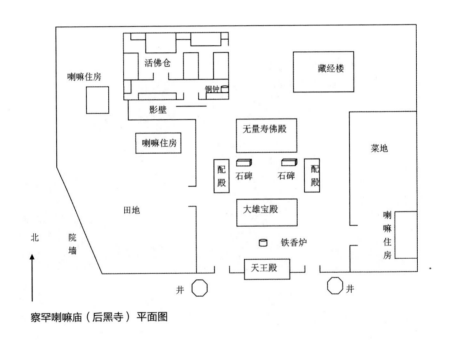

察罕喇嘛庙（后黑寺）平面图

清朝灭亡后，后黑寺失去政府支持，寺里每况愈下。到1920年前后，当时住在后黑寺内的八世察罕活佛以养病为由离开北京，前往内蒙古阿鲁科尔沁旗，后黑寺逐渐衰落。

据传，1860年，英法联军侵占北京后，抢劫圆明园，然后退到后黑寺驻扎。

据记载，光绪十六年（1890年）农历九月初四，朝廷兵部在后黑寺举行武举考试。当时在寺前广场搭建了帐篷、席棚、考试棚、伙食棚等设施以备考试之用。

1924年至1926年，后黑寺里驻有奉系军队。

1927年，后黑寺烧起一场大火，把建在台上的无量寿佛殿烧毁，同时烧毁的还有无量寿佛殿西边的喇嘛住房和库房等。

1934年3月，后黑寺里办起了小学，占用藏经楼一层和活佛仓的一部分房屋，小学叫"西北小学第四部"。此后，寺庙与小学共存。小学生在寺庙的房间里上课，寺庙喇嘛在大雄宝殿做法事。

寺庙把房屋租给学校，每月收取租金20元。

1934年冬天，后黑寺喇嘛向民国蒙藏委员会提出申请，准备在后黑寺举办庙会。1935年2月9日，蒙藏委员会驻北平办事处批准了黑寺的申请并审定颁布了《黑寺庙会暂行规则》

本来，在每年春节期间及正月"打鬼"期间，在后黑寺山门前和道场上都会有许多小商贩经营各种小吃和小商品，也有杂耍、马戏、高跷等表演。马甸的老人有时把这也称之为庙会。但是，这种经营活动只能在寺外。

黑寺喇嘛这次提出办庙会是允许商户租借寺内的房屋和土地，其出发点仍是从经济上考虑，希望多挣些香火钱。

后黑寺的庙会虽然获得批准，但是并没有红火起来。其主要原因是马甸附近有一个北顶庙会，那个庙会规模很大，历史悠久，马甸黑寺不能与其竞争。这样，黑寺的庙会办了有两三年也就停止了。由于其规模小、时间短，黑寺扩充后的庙会并没有给马甸居民留下特殊的印象。

虽然如此，我们还是想简单介绍一下当年蒙藏委员会驻北平办事颁布的《黑寺庙会暂行规则》，从这些规则里我们能够了解当时的宗教寺庙状况及社会经济生活情况。

该规则共有十九条：

第一条　本处承蒙藏委员会之命令，管理黑寺庙会一切事务，依照本规则办理。其余庙务，仍照向例分别呈办。

第二条　商人租赁该寺房屋及空地营业者，须向本处请领登记证，不得与该寺喇嘛私订契约，违者依法究办。

第三条　各商人请领登记证时缴纳工本费洋伍分。各商人倘不遵章登记，或不照交各项租费时，均不准其在该寺营业。如有违抗，即送公安局罚办。

第四条　庙房租金每月收房租洋陆角。如租用五间以上，及有特别情形者，得酌减租金二成，惟登记时须预缴二月租金以为押金。前项押金于退租时发还。

……

第六条　租用庙地分（左列）两种：

（甲）长期租用者，得固定地点，除每一方丈缴纳香资贰元外，每次庙会征收地租洋一分。前项香资退租时不予发还，拨助岁修费用。

（乙）临时租用者，不固定地点，除每一方丈每次庙会征收地租洋贰分外，不缴香资。

第七条　长期租用庙地者，每三年登记一次，临时租用庙地者，每三月登记一次，期满重行登记时，所有香资、租费仍照章分别缴纳。

第八条　每一商摊租地五方丈以上者，得减租金二成。凡不足一方丈者，均以一方丈论。

第九条　所有租用该寺房舍之商人，于登记时须觅妥实铺保，倘有拖欠租金及毁坏庙中公物时，应负赔偿责任。

第十条　该寺每月房地租金收入分为十成，以五成为喇嘛生活费，以三成为岁修费，以一成为香灯法器费，以一成为办公及卫生费。

第十一条　每旬会期终了时，收款员即行照章分配造册呈报本处备查，俟月终将房租收齐分配后再行造具总册呈本处转呈蒙藏委员会查核外，并须将收支数目分别在本寺榜示，俾僧众周知。

第十二条　所有香资及岁修费均由本处派员监督该寺执事喇嘛随时送存殷实银行作为修缮专款，非经核准不得动用。其存款方法另订之。

第十三条　所有收款均由本处派员会同该寺执事喇嘛征收，随即填给收据，以资凭证。

第十四条　各商请领登记证后，如过六个会期不来庙营业，亦不缴纳地租者，即取消其登记，另行招租。如愿中途退租者，则须前一月报告本处，缴销登记证。

第十五条　各商人有下（左列）情事之一者，由本处撤销其登记证，不准再行营业，其情节较重者，则送请公安局究办。

贩卖违禁物品及未经检定之医药者。

贩卖有碍卫生之一切食物者。

表演诲（秽）淫戏曲有伤风化者。

不遵规则妨碍公安秩序及毁坏庙内建筑物品者。

其他一切违法或不正常之行为者。

第十六条　该寺每月会期由本处核定施行。

第十七条　该庙会商人除按本规则交纳各项租费外，所有市府应收之公益等捐，由商人另行交纳。

第十八条　本规则如有未尽事宜或应行修改之处，由本处呈请蒙藏委员会修正之。

第十九条　自呈准公布之日施行。

1937年6月，有几个喇嘛来到后黑寺，为首的叫毕克那书图。这几个远来的喇嘛声称他们来自内蒙古阿鲁科尔沁，奉八世察罕活佛的命令来黑寺清查庙产和仓库。当时后黑寺主事叫根敦屯巴。这位主事不允许毕克那书图来分庙产。

在这之前，在1920年前后，住在后黑寺内的八世察罕活佛已经离开黑寺，前往内蒙古阿鲁科尔沁旗。

根据史料记载，八世察罕达尔汗（八世察罕活佛）名叫阿格旺业喜拉布哈僧格（1876—1943年），出生于内蒙古阿鲁科尔沁旗。他自离开马甸后黑寺来到内蒙古阿鲁科尔沁旗后就住在那里。1931年"九·一八"事变后，日本侵略者侵占我国东北地区。1932年建立伪满洲国政府，并在内蒙古东部地区成立伪兴安省。八世察罕喇嘛出任该省喇嘛教会委员长。1941年，成立所谓"满洲帝国喇嘛宗团"，总部设在科尔沁右翼前旗葛根庙，由八世察罕喇嘛任宗团长，日本喇嘛佐腾任副宗团长。

也就是说，八世察罕喇嘛在派人到马甸黑寺分财产时，早已投靠了日本人。

八世察罕喇嘛派来的毕克那书图指责根敦屯巴做事违背佛法，且有贪污之事。要把根敦屯巴驱逐出庙。根敦屯巴不服，双方争执不下。毕克那书图就把黑寺主事告到官府，并请求官府保护自己。官府把案件转到蒙藏委员会驻北平办事处。办事处派人到黑寺调查，根敦屯巴据理力陈，指出毕克那书图并没有正当理由来分庙产。

后来这件事结果怎样，没有见到相关记载。

1937年下半年北京沦陷，日本人占据了北京。鉴于八世察罕喇嘛和毕克那书图的势力及地位，估计后来黑寺主事根敦屯巴结局并不理想。但是到1937年，后黑寺已经衰败不堪，庙里除了殿宇和一些田地房屋，余资很少。那位毕克那书图喇嘛即使得逞也不会得到什么财产。

1937年年底，"西北小学第四部"停办。

1939年，在后黑寺里办有"西村短期小学"。

1946年后，后黑寺的小学改名叫国立成达师范附小。

解放前不久，后黑寺又烧起一场大火，把藏经楼及其配房烧毁。

大火烧起时，马甸和西村的居民都来帮助灭火。听村中乡老说，当时村中水井的水都打干了。后黑寺前的两口大井：西边的井也打干了，只有东边的井还有水。可是火没有被扑灭，直到藏经楼被烧为灰烬。

雍和宫钟楼旁的这口钟可能是马甸后黑寺的大铜钟

起火的原因说法不一。村中流传说，是一个姓金的喇嘛有意放火烧的。但没有见到正式的记载。

大火以后，寺里的喇嘛除了少数几个外，都去了别的地方。

由于用作小学教室的藏经楼已经烧掉，寺庙又划出全部活佛仓以及两座配殿给学校使用。这时，寺庙只管理着山门天王殿和大雄宝殿，喇嘛仍然定期在大雄宝殿举行佛事活动。

1954年，后黑寺的小学改名叫马甸小学。

我小时候常在大雄宝殿看喇嘛念经。是时，大雄宝殿的佛案上燃起多支蜡烛，喇嘛们依次入殿，先礼拜佛，然后分两边坐下，开始念经。念完一段后，奏起佛教音乐。所用乐器有磬、木鱼、镲，还有两个一丈多长的铜质喇叭。这种喇叭吹出的声音低沉而有力量，显示出一种庄严的气氛。奏完乐曲，由首座喇嘛左手摇铃，铃口向下，口中念经，右手向地下洒一些水，或是撒一些小米粒类的东西。然后，再念经，再奏乐。最后再拜佛，仪式也就结束了。

此钟造于大明正德十年（公元1515年），距今已有近500年的历史。钟高2米，直径1米。钟鼻是一条弓背呲目的双头虬龙，紧紧抓住钟身似有万钧之力。钟身铸有《佛顶尊胜总持经咒》、《楞严咒》和《金刚经》。字迹工整苍劲，历历在目，国之罕见。钟鸣妙演圆

雍和宫对于其钟楼旁大钟的说明与马甸后黑寺大铜钟的情况一致

1958年，全民大炼钢铁。政府组织在马甸小学的操场上炼钢。我当时正在这里上小学，炼钢时学生不上课，到再开学上课时，我发现前殿甬道上的铁香炉不见了，活佛仓院内的大铜钟也不见了。我去问老师，老师说，铁香炉打碎了炼了钢铁。铜钟被拉走了，不知去向。我自己觉得，那个铁香炉可能没有被打碎，应该和大铜钟一起被拉走了。我后来到北京许多寺庙去找那口钟，曾经看到在雍和宫钟楼旁地面上立有一口大钟，样子大小与后黑寺的大钟很像。因为当时无法近前看，不能确定。

后来我听一个人说，雍和宫钟楼旁的那口大钟就是马甸后黑寺的铜钟。但我没有见到雍和宫或其他的官方记载。我去问雍和宫的工作人员，都说不知道。可是种种迹象表明：雍和宫的这口钟就是马甸察汗喇嘛庙山门前殿的那口大钟。

首先，这口钟不是雍和宫原来所有，是从其他地方迁来的。雍和宫刚建时，建有钟楼和鼓楼，钟楼内自有铜钟，现在这钟楼和自有的铜钟还在。马甸后黑寺的这口钟刚移到雍和宫时是坐落在钟楼旁边的地面上，现在才用架子架了起来。其次，这口钟的制造年代及钟体上的经文与《日下旧闻考》所记载的马甸后黑寺的大钟完全一样，且其外观也完全一样。

在清朝，马甸黑寺、黄寺、雍和宫都是北京比较大的喇嘛庙。那时，住在马甸后黑寺的察罕活佛是北京藏传佛教的领袖。民国以后，此三座寺庙都归蒙藏委员会管理。马甸的后黑寺衰落后，大铜钟作为藏传佛教圣物被移到雍和宫也属正常。

1958年后，寺庙喇嘛的佛事活动停止了。

1965年，马甸生产队拆掉了寺庙山门大殿里的四大天王塑像，把大殿改为仓库。

1966年后，黑寺剩下的两个大殿，也就是山门天王殿和大雄宝殿被马甸生产队拆掉了。几年后，马甸生产队把两个大殿的遗址卖给了某个单位，盖了楼房，成了居民住宅。幸亏活佛仓及两个配殿因学校作为教室，留了下来。后来虽然破旧不能再使用，但遗迹却得以保存。

2005年时荒废的后黑寺活佛仓

2010年，海淀区将其作为文物，重建了活佛仓及两个配殿。在原来无量寿佛殿的台地上，建了一座钢结构的方形建筑。建好后交给海淀区民族小学（原来叫马甸小学）使用。我后来曾去参观，活佛仓及三个院子建得和我在那里上学的时候一样。只是原来在南边有一个小门，现在被砌成一堵墙。两座配殿也修建得非常漂亮，比原来我上学的时候好看多了。方形建筑建得很有气派，据说，将来用作民族教育展览。

　　从各种资料来看，后黑寺在清朝时曾有过大的重修。

　　《日下旧闻考》说，察罕喇嘛庙"寺门前殿有大钟一口，为明时最胜寺旧物"。这是说，在寺门大殿里，有一口大钟。

2005年时荒废的后黑寺无量寿佛殿旁的配殿

　　这口大钟在我见到时已经被移到活佛仓院内。

　　我小时候去过后黑寺山门殿多次，大殿里塑有四大天王塑像，塑像很大，从地面一直到殿顶。塑像的色彩还很新，比大雄宝殿的塑像新多了。殿里没有地方可以放大铜钟。因为这铜钟很大，比大钟寺的大钟小不了多少，也就是说，这大殿里的塑像和布局，是重修以后才有的。大钟是重修时从殿中移走的。

　　赵兴华在他所著的《老北京庙会》中说，后黑寺原有大殿三重，寺门额题"大清古刹"。这寺门就是天王殿。天王殿大门上的匾额，我小时候没有注意过，但后来听村里几个人说，天王殿的大门上是写着"大清古刹"。那么试想，在清朝刚成立几年的时候建起的寺庙怎么能自称"大清古刹"？唯一的解释就是这寺庙曾经重修，这几个字是重修时写在匾额上的。前已说过，此寺原本没有寺名，重修时山门匾额写什么字呢，当然写"大清古刹"比较合适。重修的时间，应该在清朝中后期。

一般来说，寺庙重修，应立碑记载。在无量寿佛殿前曾经有两通石碑，其中之一应该是记有康熙赐予寺庙无量寿佛的事，另一通碑可能就是重修碑。可惜这两通碑早已不存。

现在，察罕喇嘛庙（后黑寺）已不复存在。虽然活佛仓和配殿已经按原样重建，在寺庙的遗址上建了很漂亮的海淀区民族小学，但是，后黑寺恐怕是永远消失了。

第二节　前黑寺

前黑寺的本名叫慈度寺。在清代，慈度寺一直是理藩院直属寺院。每年在正月二十三日举行跳布扎活动，即"打鬼"活动。寺院定额编制喇嘛一百一十五人。除国家每年拨给额定钱粮外，寺院在通县喇嘛庄有香灯地二顷。

前黑寺坐北朝南，建在察罕喇嘛庙南边偏西的一个台地上。慈度寺的北边是一条东西向大道，隔大道与察罕喇嘛庙相望。东边是打鬼道场，慈度寺的山门是天王殿。山门南边是从德胜门来的古道。这古道从慈度寺山门前经过，拐过西村再过牤牛桥到清华园及海淀山前一带。慈度寺的西墙外紧挨着西村。这是一块很规矩的长方形台地。台地南北长200多米，宽约150米。台地高出周围地面有六尺，比后黑寺和打鬼道场也高出有五尺多。

马甸地区在明朝二百多年间一直是朝廷驻军的地方。据记载，后黑寺前的打鬼道场以及后黑寺本身在明朝时都是五军营的教场。慈度寺台地在明朝时很可能是一座寺庙。这座寺庙在清朝初年已经荒废。据《日下旧闻考》第一百零七卷记载，清初顺治二年，察罕喇嘛从盛京来，到马甸修建后黑寺，把明朝最胜寺的大铜钟请到察罕喇嘛庙（后黑寺），放到山门大殿里。这大铜钟铸于明朝正德十年（1515年）。最胜寺在哪里，该书没有指明。我以为，最胜寺应该是慈度寺的前身。到清康熙时，一位王爷在最胜寺原址兴建了慈寺度。最胜寺遗物铁钟、铁磬等佛家之物都是明朝制造，被留在了慈寺度内。这个台地由于在明清都是寺庙，它原有的高度才有可能不被破坏。还有一个理由：慈寺度院墙内大殿旁长有许多很粗的松柏，这些松柏在1932年前后被本地歹徒勾结部分喇嘛偷伐卖掉了。解放初期，我经过慈寺度废墟，还能看到那些被伐掉的松柏树的干枯的树根部分。察罕喇嘛庙内也有不少松柏，当时已经比较粗了，据说是建寺时所栽，但树围要比慈寺度内的细许多。察罕喇嘛庙比慈寺度还先建了几十年，而松柏粗细差了不少，这从侧面说明慈度寺的前身很可能是一座寺庙。

《日下旧闻考》说慈度寺"建殿五层，山门天王殿恭悬圣祖仁皇帝御赐'慈度寺'额，第四层大殿前恭悬圣祖额曰'法云广润'，寺内铁钟铁磬皆明万历年造。又铜钟一，明宣德年造。当是他处移至者"。圣祖仁皇帝即康熙。

慈度寺的建立时间没有明确的记载。《日下旧闻考》只是说："慈度寺建于本朝初年。"

根据史料对慈度寺的描写，慈度寺应比察罕喇嘛庙晚建二十多年。这是因为慈度寺的山门匾额及有些大殿的悬额都是康熙御赐的，则慈度寺的建立应与康熙同时代。

马甸本村的教育家丁子瑜在1932年写了一篇文章描述慈度寺，他说："慈度寺是清朝一位王爷出资兴建的。占地十余亩。其殿宇虽不及后寺之富丽，然亦高大轩敞，伟然可观。山门天王殿是第一层大殿，天王殿后有钟鼓二楼，钟楼上悬挂着大铜钟一口，此钟高七尺多，口阔四尺。是明时宣德年造，上面铸满经文。钟鼓楼后是第二层和第三层殿。第四层为正殿，横阔五间，纵深四间，前有抱厦三间，并有东西配殿各三间。第五层殿规模雄壮，四周环以飞廊。全寺有房五十余间。寺院周有围墙。院内多有松柏，山门外栽有槐树。"

这篇文章似乎没有正式发表，现在保存在北京档案馆内。

我小时候（1952年前后）见到的慈度寺已是一片瓦砾废墟。废墟上各大殿的立柱基石（柱础）还存在。基石有70厘米见方，都是大理石。从基石看，各大殿是南北排列，从大殿廊柱的位置，知道大殿都是坐北朝南。大殿内地面由方砖铺成，从残破的地方可以看到，地面方砖不只是一层。

盛极一时的慈度寺为什么荒为废墟呢？马甸村民大都说是被火烧毁的。我记得小时候问过大人，大人们都那样告诉我。我刨根问底："是什么时候烧的？"他们说："是民国初年烧的。"

然而事实却不是这样。

根据北京市档案馆资料记载，慈度寺之所以成为废墟，一方面有军阀的破坏，另一方面最主要的原因是被慈度寺喇嘛伙同他人多次盗卖拆毁的。

档案馆资料显示：1932年，马甸广育小学校长丁子瑜给公安局写信，揭发慈度寺盗卖事件。丁子瑜在信中说："……自民国十六年察罕庙正殿遭回禄（火灾——笔者注）后，而慈度寺又于民国十七年举行打鬼一次，至十八年因经费不足，此寺遂废。慈度寺前后大殿及钟鼓二楼，两旁配殿，共计五十余间。十八年该庙停止打鬼，僧亦星散，惟殿之西首尚有一老妇马生儿并其子史喇嘛及其他一二喇嘛而已。自是之后，即有不肖之徒从事盗卖，起初亦不过门窗户牖，阶石地砖等零件，及十九年渐将钟鼓二楼及第二、三层殿阁拆一部，随拆随卖，然皆在黑夜之间，尚知避人耳目。至去岁，则公然将四、五层正殿及东西配殿相继拆卖。该寺尚有大钟一口，高几及丈，价值千元，不知何时运走，遂用碎砖堆垒成丘，声言钟藏其下，以为影射。今该寺所存者为天王殿三间及四周围墙，松柏十数株，然松柏亦有新伐去者。土豪地痞，利令智昏，私拆庙宇以为发财之计。而本地警察，竟自熟视无睹，不加干涉，诚令人大惑不解也……"

当时的市公安局接到信后开始调查，在调查报告中说："前黑寺住持白云亭喇嘛代表史炳汉声称，田喇嘛卖木料，史喇嘛卖破铜钟，已经呈报，因被军队拆毁，生活无着，所以带卖。"

另有一份当地治安部门的报告说："钟楼大钟，由喇嘛史炳麟因僧人多，无法生活，将钟卖给钟绍虞，得洋二百元。而钟绍虞又把钟卖给前门外炉厂，得三百一十元。"

公安局为了进一步掌握情况，走访了当时的蒙藏委员会。当时的蒙藏委员会设在德胜门外黄寺，离马甸的黑寺也就有两里多路。根据蒙藏委员会提供的调查，公安局写出报告："据查，十七年九月，蒙藏委员会调查，该寺尚有山门三间，东西钟鼓楼二座，殿宇五层，钩连搭共四十三间，钟一口，嗣后并未据报有被军队拆毁之案。该寺前虽曾被军队损坏，而十七年九月以后，即系由喇嘛私行拆卖，已无疑义。"

由以上史料可以知道，在1928年9月前，慈度寺虽曾被军队损坏，但殿宇基本完好。

1928年损坏慈度寺的军队究竟是哪支军队呢?

1928年6月8日,国民党军队进占北京。这之前,奉系军队与国民党作战失利,退出北京并返回东北。从时间上看,损坏慈度寺的军队应该是奉系军队。

马甸乡老们说过,在北洋军阀统治时期,马甸地区曾前后驻过各派军队,这些军队纪律松散,常抢劫百姓粮食钱财。奉系军队从1924年开始驻在马甸,到1928年被国民党打败退出北京,在马甸驻了好几年。奉军在退出北京前对慈度寺进行了抢劫。

马甸的喇嘛庙内原本财宝众多,在乱军溃败时自然不能幸免。

前黑寺遭军队破坏后,喇嘛生活无着落,于是勾结他人,多次拆卖寺产。殿宇的梁柱砖瓦、门窗钟鼓、寺内松柏,都被拆毁砍伐,遂将寺庙毁为废墟。

这些倒卖慈度寺庙产的歹徒和喇嘛是把大寺变为废墟的罪魁祸首。

1963年,在慈度寺的遗址上,建起了马甸中学,"文化大革命"后,改为北京第173中学。2004年后又改名叫陶行知中学。

第三节　黑寺打鬼

后黑寺山门前有一片几十亩大小的广阔空地和一座高大的单孔石桥。桥宽四米多,长三十几米,高约五米,北距山门不到二百米,子午走向。桥为拱形结构,桥身和桥栏用大理石建成,整个桥体呈白色。桥面由青石铺就。这空地和石桥是打鬼的道场。

这座石桥早已不存,现在也没有见到有关这座桥的图像。我小时候常在这石桥上玩耍。大约是在1956年,有一家电影厂来马甸拍电影,把这桥作为道具,我和几个小伙伴当时围在旁边看。我看到有几个人扮成小学生的模样一边玩一边从桥上走过。那时听说这是在拍电影《高玉宝》,我没有看过这部电影,不知道这电影里是否保留有这座石桥的图像。

以前,每年农历正月二十三日,著名的黑寺打鬼活动在这里举行。黑寺打鬼是一种宗教仪式。观看打鬼，则成为一种民俗。

这里所说的打鬼，是民间的说法。喇嘛教正式的称呼叫"跳布扎"。"跳布扎"是蒙藏宗教文化交流的产物，它是藏传佛教为鞭挞"魔祟"而于宗教节日在寺庙里举行的法事。"跳布扎"实际上是以歌舞剧的形式来宣传黄教的教义。据说，"跳布扎"是由黄教祖师宗巴喀所创。

清末有一位叫让廉的作家，在《京都风俗志》中，描写了黑寺打鬼：

　　正月二十三日，德胜门外慈度寺，俗称黑寺，黄衣番僧诵经送祟，谓之打鬼。城中男女出郭争观。寺前教场游人蚁聚云屯，至时，僧众出寺，装扮牛头，鹿面、星宿、妖魔等相。旗幡伞扇拥护，如天神。与钟鼓法器之声，聒耳炫目。其扮妖魔相者，皆番僧少年者数人，手持短柄长尾鞭，奔于稠人中乱击之，无赖者谑语戏骂，以激其怒，而僧奔击尤急，以搏众笑。喧闹移时，黄衣归寺，则游人星散，紫陌飞尘，轻车驷马，鱼贯入城，而日已近山矣。

后来，赵兴华先生在《老北京庙会》一文中从另一个角度记载了打鬼仪式：

　　打鬼之日，大殿上陈列各种供奉，燃灯数百盏。仪式开始时，由主事喇嘛敲钟鸣金，召集僧众上殿。众喇嘛上殿列座诵经。这时，首先由一位喇嘛往众喇嘛手上撒净水少许，谓之"打净"，接着是由两个喇嘛扮作二鬼，到大殿前跳跃舞蹈，象征邪祟初露。又由另一个喇嘛扮作夜叉神，手捧"白伞盖佛"巡游，也是舞蹈着来到殿前。这夜叉神见到二鬼，欲以擒拿，二鬼见状即逃匿无踪。夜叉神向其逃走方向呼喊威吓。此时柄鼓、大钹，以及一丈多长的大铜号——"钢冻"合奏佛乐，声震殿宇。

　　随着音乐的节奏，由喇嘛十二人戴着面具，装扮成天神天将，双双舞蹈，出殿庭而下。又有十人，扮成十地菩萨，穿着五彩斑斓的锦衣，手执骷髅天灵盖碗、人棒骨以及降魔叉杵等法物，以夸张姿势在殿前舞蹈。象征要以佛法收服邪魔。随后，主事喇嘛开示经偈，众喇嘛高声诵起经咒。这时，再由二喇嘛扮成的牛头护法，鹿头护法，边舞边持刀砍地，作杀鬼之式，表示将邪魔正法。最后，一喇嘛盔甲戎装，持方天戟，从殿上吐着火焰跳跃而出，表示打鬼告捷。这时，观众们都不约而同地向其顶礼膜拜，还有的蒙藏香客、游人把事先准备好的哈达献上去。

打鬼后还要送鬼。就是把一个象征鬼的纸面人送到山门外火化。送鬼的队伍浩浩荡荡。扮演鬼怪的走在最前面，有少壮的喇嘛在"鬼怪"两旁，甩着大鞭子，啪啪作响。名义上是打鬼，实际上是开道。遇有观众向前拥挤的，也用作示威警告。有的无赖故意挑逗，则喇嘛们追打越急，观众笑声，此起彼伏。

扮演天神、护法的紧跟鬼怪之后。两旁有执旌旗、幡幢、伞盖的人，再后边是几个人抬着一个纸身、油面脑袋的"鬼"。然后是乐队，由二人拉着"钢冻"铜号，二人吹；二人扛鼓，二人打；后有一对大钹。乐队后是几个头戴鸡冠帽的执法喇嘛，最后，是一顶大黄轿，里面坐着"察罕活佛"（察罕喇嘛）。

据马甸老人从上辈听到的传说，送鬼的队伍出山门往南，过白石桥。在桥上鬼逃僧追，前跑后打，犹如一个舞台。凡挤不到庙里看打鬼仪式的观众，就等着看送鬼，所以道场上人山人海。送鬼是打鬼活动的最高潮。过了石桥，在桥前的空地，把这个象征鬼的纸人火化。至此，打鬼活动就结束了。

黑寺打鬼仪式最早在慈度寺举行。后来，由慈度寺和察罕喇嘛庙共同举行，但主道场改在察罕喇嘛庙。1927年察罕喇嘛庙主殿遭大火焚毁后，1928年正月的打鬼活动主道场改在慈度寺。1928年春夏之际时慈度寺遭到军队抢劫和损坏，"黑寺打鬼"因此停止了几年。1933年后，又恢复了打鬼。由于慈度寺遭到了彻底的破坏，打鬼活动由察罕喇嘛庙独立举行。

两座黑寺在几年间遭到了多重灾难，打鬼的仪仗、旌旗、幡幢、服装损失殆尽。同时寺庙的钱资来源也近于枯竭，使寺庙的佛事与清朝时无法相比。其打鬼的活动也与鼎盛时期有天壤之别了。

马甸一位八十多岁的姜姓老人，小时候见过最后的几次黑寺打鬼。他说，打鬼时，许多小孩拉着一个石碾子，出庙门往南，小孩扮的是鬼，几个喇嘛反穿羊皮袄，手拿鞭子，追着石碾子，边走边抽打碾子，算是打鬼。其他喇嘛吹着喇叭跟在后边走，走过石桥，从林场返回，再回到黑寺门口就结束了。

　　还有一位九十七岁的赵德清老人，他对我说，他年轻时曾经做过常喇嘛的俗家弟子，有时候被师傅叫去参加一些佛事活动。有一年——他也记不清是哪一年了——常喇嘛让他参加打鬼，他当时和好几个年轻人拉着一辆木车在前边快走，后边有喇嘛在用鞭子抽打木车，也是要走上那座石桥，就算是打鬼了。我问："当时看打鬼的人多吗？"赵老说："有好多人看，可比起清朝时就差远了。"

　　黑寺打鬼活动由鼎盛时的隆重繁华衰败至此。

　　打鬼活动到1937年日本侵略者占领北京后就停止了。

　　在石桥北边，打鬼道场左右两侧，原来各有一座佛教建筑。我小时候见到时，早已倒塌，只留下两堆破碎的砖瓦土块，其建筑样式现在已没有人知道。废墟底部两丈见方。解放后，在清理两个废墟时，挖出许多砖质的小塔，像小孩的拳头一样大。孩子们都捡去玩。我想，这两座建筑很可能是下方上圆的藏传覆钵式佛塔。也许原来有四个，另外两个应该在打鬼石桥的南侧。代表佛教的四智或是代表佛教的四大部洲。

　　打鬼的石桥在"文化大革命"中被拆掉了。送鬼的道场在1955年和1956年时被改为农田。

第四节　黑寺和喇嘛

　　黑寺的管理者是喇嘛。喇嘛是藏传佛教中对僧侣的称呼。喇嘛可以有妻室儿女。这与汉传佛教不同。

　　黑寺的鼎盛时期，后黑寺喇嘛定员276人。前黑寺喇嘛定员115人。清朝灭亡后，黑寺喇嘛人员大量流失。到解放以前所剩喇嘛已经不多。

　　1947年6月，国民政府统计马甸户口，后黑寺内有喇嘛13人，前黑寺有喇嘛2人，共计15人。见下表：

1947年后黑寺喇嘛统计（13人）

序号	姓名	年岁	备注
1	白玉山	66岁	1人
2	杨文子	69岁	1人
3	王佩泉	59岁	与侄女住一院
4	王荣	27岁	有妻子和一个儿子
5	乌拉基	63岁	1人
6	常之丹	48岁	1人
7	刘劫丕	41岁	常之丹之师弟
8	栓力扎木苏	28岁	1人
9	占巴	15岁	1人
10	张敦巴	46岁	1人
11	舒元	44岁	1人
12	玉昆	15岁	舒元的徒弟
13	玉才	12岁	舒元的徒弟

统计户口时，前黑寺还有两个喇嘛。住在前黑寺的西侧。下边也用表格说明：

1947年前黑寺喇嘛统计（2人）

序号	姓名	年岁	备注
1	史高升	48岁	与侄子住一起
2	玉砚	17岁	史高升之徒弟

在这次户口统计中，只填有宗教，而没有民族一项。在民族区分上，我们现在已经知道，常之丹、王荣、史高升是满族人。其他人不能确定。从名字上看，乌拉基、栓力扎木苏，有可能是蒙古族人。而占巴、张敦巴，则可能是藏族人。

解放前不久，后黑寺又一场大火以后，寺里的喇嘛除了少数几个外，都四散离去。

在解放初期，后黑寺里的喇嘛除了常之丹、王荣及一个姓郭的喇嘛外，其他的都已经搬走了。后黑寺的喇嘛平时管理寺庙，进行各种宗教佛事活动。没有佛事时，就耕种土地，用以养活自己和家人。前黑寺没有土地，那里的喇嘛生活常有困难。

前黑寺的史高升喇嘛解放初期时还在，他的徒弟玉砚已经离开，到一家店铺当学徒。玉砚也是满族人，家住东北辽宁。据说其祖上曾是清朝的贵族，后来家族没落了，玉砚就随人到北京投亲。投亲不着，经人介绍，来到前黑寺给史高升喇嘛做徒弟。开始，不管怎样，还能有口饭吃，也有个住处。但前黑寺不比后黑寺，寺中没有土地可以耕种，寺庙衰败以后没有经济来源，史高升喇嘛和玉砚生活很清苦，熬了几年，史高升喇嘛看没有出路，就把徒弟送店铺去当了学徒。后来，玉砚成了一名工人。

后黑寺的喇嘛平时还打经忏，收入也很可观。

经忏是大乘佛教的一种宗教活动。大乘佛教认为，诵经念佛，可以为生者增福延寿，消灾免难，也可以为亡者超度，使免地狱之苦，往升天界乃至安乐佛土。世上信众出钱出财请僧侣给他们念经拜忏，消灾祈福，超度亡故的亲友，就是经忏。

刚解放时，打经忏现象很普遍，常有人请僧人念经超度去世的家人。我小时候最后一次见到打经忏是在1958年。那时，马甸西后街有一家死了老人，请喇嘛做经忏。我当时去看热闹，听到喇嘛奏的乐曲是《三面红旗好》。这是"大跃进"时的歌曲。村里人听了，都很奇怪。有人解释说，是上边不让他们念经和奏迷信的乐曲。

刚解放时，喇嘛还能在黄寺领到津贴。马甸成立农业合作社后，喇嘛的地归了社里，喇嘛就成了社员，仍然是既做佛事，又种地。这时就不再发津贴。

人们熟悉的喇嘛有三位，一位姓常，一位姓王，另一位姓郭。三位喇嘛的土地和住所都在后黑寺内。

常喇嘛名叫常之丹，1899年生，满族人，有妻室。祖上辽宁。他的个子比较高，不胖不瘦，身体很健壮。解放初期，家住后黑寺活佛仓西侧的一个小院。小院有一个小门楼。门前有几亩地，地中有井，井上有水车，靠种菜维持生计，同时也与其他喇嘛一起，参加寺庙的佛事活动，参加经忏法事。如果佛事多，菜地照料不过来，他就请短工帮忙。

常喇嘛在做佛事时，负责吹一个一丈多长的铜喇叭，声音低沉，很响，很有力量。常喇嘛在农闲和佛事间歇时，喜欢放风筝，这风筝是一只竹子和羽毛做的大蜈蚣，有二十多米长，放起来后，蜈蚣的眼睛还会转动，吸引许多大人和孩子观看。

到1958年时，寺庙的佛事活动停止了，常喇嘛也就成了一般的社员。

王喇嘛也是满族人，住在常喇嘛南边不远，没有院子，只有几间房子，其他情况与常喇嘛大致相同。

郭喇嘛住在原学校操场东北角，几间平房，房前有一块地，主要收入是给别人办法事，同时种几亩庄稼。

现在，常喇嘛早已过世，他的儿子已经八十多岁了，孙子也有六十多岁了，都还居住在马甸。

第八章

吴家菜园

以前，马甸村东后街有一片菜园，主人姓吴，大家都称之为吴家菜园。吴家菜园在马甸有一点传奇色彩。一个原因是吴家菜园历史悠久，它至迟在清朝后期就已经存在了。再一个原因是，解放初期，毛泽东主席曾几次到吴家菜园访问。

据老一辈传下来的说法，吴家菜园的土地原来属于清朝一位贵族，是这位贵族的郊外庄园。后来这位贵族没落了，就把地外租给吴家种菜。清朝时，吴家菜园所种的菜，大部分卖给正黄旗军队及其家属。

那时，马甸村西南约二百米，是清朝正黄旗的教场，在教场南部驻扎有军队以及其眷属。马甸正南不远，有一个驻有官厅的小村庄，官厅在清朝时是正黄旗的官方管理处，这个小村子后来也因此叫作官厅。当年，吴家菜园就是把菜送到官厅卖给军队的人。清朝灭亡后，正黄旗军队不存在了，吴家菜园的菜大都送到德胜门内和德外关厢一带卖掉。至解放时，吴家已经有几辈人在这里种菜了。

马甸村往南到德胜门有四里路，过去，从德胜门到长城外的古道从村中穿过。这条古道的繁荣持续了几百年的时间。吴家菜园在古道的东侧，距古道不到二百米。

马甸村在解放前有三条街，古道叫前街，村里的主要商铺都在前街。还有东后街和西后街，都是南北走向。古道经过明、清两代的更迭，越走越低，终于走成几米深的沟谷，经常积水，不能再用。后来由当时的政府从德胜门到清河又修了一条石子路，叫德清路，德清路从马甸东后街穿过，把吴家菜园分成两部分，路东和路西各有一部分菜地。吴家宅院也被隔在路东。1952年9月，北郊重新划分行政区，德清之西归海淀区，德清路之东属朝阳区。马甸划归海淀区管辖。吴家宅院划归朝阳区管辖。

这时候的菜园主人叫吴荫亭。我小时候虽然住在马甸，但住西街，不怎么知道东街的事，也不知道吴家菜园。

我知道马甸有个吴家菜园是在1952年之后。那一年我五岁多，记得是初夏的一天，我正在自家菜地里干活，听见南边远处有许多人在喊"万岁"，过了一会儿，有个小伙子快步从南边往北走，这人我不曾认识，他路过我的菜地，很兴奋地告诉我："毛主席到林场来了！"我问："你看到毛主席了吗？"那人并没有停下脚步，边走边气喘吁吁地说："没有，去晚了，毛主席走了！"

第二天，我问年长的人，他们说，毛主席以前也到马甸来过，还去过吴家菜园。

最近几年，我开始就这件事采访村里的各位长辈，同时收集有关资料，希望了解这件事的详情。

我在收集资料的过程中，结识了吴荫亭的长孙吴铎，我从他那里知道了许多细节。

在解放初期，毛主席前后到马甸来过三次。

毛主席第一次到吴家菜园是在1951年的夏天。这一次，毛主席是和周恩来总理一起来的。

吴铎说，他听长辈讲，那次同来的还有好几位高层领导。周恩来总理向他祖父要了30个老玉米，说是回去尝鲜，并坚持付款。那次来有好几辆汽车。吴铎还说，当时他爷爷与毛主席谈及年龄，主席说："我长你一岁。"主席还指着他带的孩子对吴荫亭说："她们叫你叔叔。"

毛主席第二次访问吴家菜园是在1952年3月11日午后1时左右。这一次到吴家菜园，被社会上广泛知晓。因为这一次有随行的人员拍了一组毛主席到吴家菜园访问的照片，据说，这些照片有的展出过，有的是邻居在吴家见到过。

1952年3月11日毛主席访问吴家菜园　（原作保存在朝阳区档案馆）

前两年，我的一位朋友给我发来一张照片，照片上是毛主席在这次访问时与吴荫亭的合影。

我看到的这张照片，显然是翻照的。

照片上，毛主席身穿黑呢子大衣，喜笑颜开地从秫秸竖起的秧畦地向外走，旁边那个农民就是吴荫亭，他头扎羊肚毛巾，脸上露出笑容。照片上靠后边的年轻人是吴荫亭的第四子吴颐龄。

我拿到这张照片后，把它洗印出来，拿给村里的老人看，老人们都认出吴荫亭和吴颐龄。由此我确认了这张照片的真实性。

结识吴铎后，我又把这张照片发给吴铎，再次求证它的真实性。吴铎回信说，这是真实的，他的家里也有这张照片。

吴铎告诉我，除了这张以外，还有其他的照片，都是那次毛主席来时照的。他们家把照片摆在堂屋里，以示纪念。

关于这次访问过程，我曾见到一篇短文，文名是《吴家菜园的足迹》，作者没有署名。短文是以访问吴颐龄的形式写的随笔，写作时间大约是1984年。短文对毛主席的这次访问作了简单的描述。

1984年，德清路要拓宽，改建为八达岭高速路，在吴家菜园及吴家宅地上要建马甸立交桥，当时，地上画了许多白色的施工线，吴家菜园即将消失。作者显然是为了纪念菜园的消失才写的此文。

短文描写了当时的吴家菜园及其主人："北京德胜门外，三环路边儿上，有一户姓吴的人家。因为过去几辈种菜，人们又都习惯地称那里是'吴家菜园'。高大的槐树、枣树和榆树，掩映着十几间普通的农舍。从屋外看，低矮的房屋和斑驳的泥灰院墙，似乎有些土气。可到屋里，摆放着大衣柜、高低柜、洗衣机、电视机、立体声收音机等一类物件，并不亚于城市家庭。我走进西房，见到主人吴颐龄。他今年四十八岁，虽然前额顶脱掉了浓密的乌发，有些老气，但紫棠色的面庞却显得体魄健壮……"

我首先要确认这短文内容的真实性。我把这短文发给吴铎，吴铎回信说："吴颐龄是在我爷爷身边我最年长的叔叔，他是毛主席来我家的直接目击者，内容可信。据我所知，我颐龄叔执笔写此文的可能性是不存在的，吴家家风使然。"

我的一个朋友告诉我，这篇短文可能出于吴荫亭一位孙女之手。"文化大革命"前，吴荫亭的一位孙女在人大附中上高中。我的这位朋友当时也在那里上学，曾听这位女同学说起过毛主席去她家的故事。

但是我觉得有理由认为这篇文章也许就是吴铎写的。他没有署名，可能也是"吴家家风使然"。

由于村里的其他人不能知道这次访问的细节，我就把这短文中有关毛主席和吴荫亭见面的内容略做整理，节抄在下边。

　　那时正值阳春三月，大地复苏，天气暖融融的。毛主席一行人把车停在石子路旁，徒步来到吴家菜园。当时，十七岁的吴颐龄扛着犁杖刚走出家门，见门外不远的地方，身材魁梧的毛主席迎面走来。他兴奋得把肩上的犁往地上一扔，喊着跑去告诉他爸爸。

　　这时，吴荫亭正在秧畦里间苗圆白菜。听见这喊声他没顾得揩净手上的泥巴，站起来向领袖迎去。毛主席也和蔼地向他走来。那双温暖的手和一双沾满泥巴的手紧紧握在一起了。看着畦里嫩绿的圆白菜和尚未出齐的各样菜苗，毛主席同他拉着家常，问他家里几口人，生活得怎么样，有什么困难。吴荫亭告诉毛主席，他家有七口人，两个大儿子参加了革命，一个儿子还参加了抗美援朝，战场上负了伤，成了二等一级残废军人，自己是光荣军属。

　　毛主席赞扬他对革命做出了贡献，然后又问村里搞三反了没有。吴荫亭说："三反运动已搞了两个多月，我还被推举为检委会的主任呢！我是个农民，如今也参政了，这可是真正的民主啊！"

　　毛主席听了哈哈大笑起来，握着吴荫亭的手风趣地说："你当主任，我当主席，咱们都是国家干部，要一起把国家的事管好。"说完又畅怀大笑。连陪同毛主席一起来的同志和吴颐龄也都禁不住笑起来。气氛异常活跃。

　　毛主席还问，区政府及各机关干部，有压迫群众的没有？吴荫亭深有感触地告诉主席："区政府不压迫群众。解放后，没有见到机关和军队压迫人的了。过去的政府是无官不贪，现在是廉洁奉公，虽有少数人贪污，也是受资产阶级的腐蚀。"他还赞扬了搞三反运动，有利于改造思想，保国安民，是一项很好的决策。

毛主席赞扬他这样务农好，可以当农艺师。吴荫亭听了说："咱们国家地富人丰，有英明领袖领导，国家一定能富强起来。"

领袖与农民在菜田里谈笑风生，足足有一小时之久。在"咔嚓，咔嚓"的相机快门声中，新华社记者侯波同志摄取了这平常而又让人留恋的场面。

离开吴家菜园时，毛主席还握着吴荫亭的手说："你识字，村里有什么违法的事，可以直接给我写信。"

吴铎告诉我，毛主席走后不久，吴颐龄开始催促他父亲，写信向主席要那天照的照片，吴荫亭没有写。经吴颐龄再三催促，吴荫亭就给毛主席写了信，但一直未发出，他考虑再三对吴颐龄说："主席忙国家大事，咱一个老百姓，就不要去打扰了。"直到吴荫亭去世，也没有发出这封信。

吴铎说，1977年，在军事博物馆展出的毛主席图片展览会上，吴颐龄的弟弟看到了毛主席与他父亲的照片，经联系，有关部门给他们洗了一张，吴家则把吴荫亭记录毛主席到来的两页日记，作为文物献给国家。

毛主席第三次来马甸，是在上一次来马甸几个月之后的某一天。这一次，毛主席陪宋庆龄来到马甸中山林场。

毛主席这一次到马甸，被许多村民见到。几位当年见到毛主席的老人告诉我，当时，毛主席一行人坐了几辆汽车，出德胜门沿德清公路来到马甸。开始，村民们并不知道是毛主席来了，看见几个人从半新半旧的汽车里下来，还以为是测量土地的人员。因为当时北京北郊搞建设，村里常见到测量人员。毛主席到林场后，被村民认出，大家都拥上前去，热情地高喊："毛主席万岁！"远处的人听到喊声也围过来，但被警卫拦住了。

我小时候在家里菜地干活时，听到有人喊"毛主席万岁"，就是这一次。

中山林场在马甸西南一百多米，面积有五百多亩。林中有土丘、苗圃，有各种树木，松柏常青。这林场由于大，林内非常幽静，是马甸村民常去的地方。我小时候常在这林子里玩耍，捉蚂蚱、扑蝴蝶。上学后，又常和同学们在林子里复习功课。这林子的建成，相传是孙中山在北京逝世后，青年们为纪念这位革命先驱，在这里种植松柏，起名叫中山林场。几年后，在1929年时又在清朝原正黄旗教场荒地上植树扩建。

1954年10月，北京园林处的工人在马甸林场平整土地时，在柏树林中挖出一块青石石碑，碑的正面刻"中山纪念林"，碑右刻"河北省农业指导委员会，河北省政府及各民众团体合建"，左侧刻"总理逝世四周年"等字样。（见北京档案馆，档案号J011—001—390）

据史料载，民国初年德胜门外马甸一带属河北省宛平县管辖。这块碑应该是在孙中山逝世四年后的1929年在中山林场植树扩建时刻立的。

中山林场中只住有一户人家，是在林场南部的一片松林中，一个院子，几间北房，灰瓦青砖。我的一个同学曾经进过这个院子，他告诉我，院里正房中还挂着孙中山的画像。人们说，这里住着唯一的护林人。

毛主席陪宋庆龄到中山林场，可能有缅怀孙中山的寓意。

吴铎说："听长辈讲，毛主席陪同宋庆龄视察中山林场，现场跟十四区区长讲，北郊有他的故交吴荫亭，让区长转达对吴荫亭的问候。主席说还有会，就不去看他了。十四区区长来家后，我爷爷执意要去林场，十四区区长说：'主席已上车走了，您就不必去了。'"

根据《海淀史志》2012年第四期记载，当时十四区区长叫郭裴然，是抗日战争就参加八路军的老革命。

毛主席访问吴家菜园，当时使马甸村民们觉得很新奇，他们开始去打听，想知道为什么毛主席到吴家菜园来。但吴荫亭一直不对外人说起这件事情。村民们打听不到细节，就开始猜测和传说。到底哪个是事实，没有人能说清楚。虽然村民知道吴荫亭说话有口音，不是本地人，但他是哪里人，他什么时候来到马甸，谁都不知道。

我几年前在马甸调查时，向一位叫李崇林的老人了解情况（当时，李老已经八十四岁了），李老一直住在吴家菜园的旁边，他祖上开一个手工作坊，以绱鞋为职业。李老告诉我，吴荫亭上过军校。毛主席到吴家来不止一次。周总理也来过。北洋的时候，有大官到吴家来过，解放前，也有国民党的大官到吴家来过。

李崇林老人所讲的情况，马甸的其他老人也多少不等地对我讲起过。

吴荫亭长什么样？幸而我们有毛主席与他的合影。从这合影中我们看出，吴荫亭个子挺高，不胖不瘦，身体很结实，五官端正，脸色黝黑。满脸笑容中有一种刚毅之气。

马甸村里乡老们大体也是这样描述吴荫亭的。

吴铎告诉我，他从长辈那里听说，他爷爷在保定上过军校。哪一期不知道。他爷爷曾经有一份《同学录》，放在束鹿老家，日寇侵华时，将他老家的房屋烧毁，那份《同学录》也一起被烧掉了。

据吴家传下来的说法，吴荫亭在跟毛主席聊天时曾经介绍自己说："我小时候念过两天书，当过兵，上过吴佩孚在保定办的军官学校，毕业后当了几天见习排长，后来军阀混战，从1921年就解甲归田了。"

那时，吴荫亭是二十六岁。

根据记载，保定的军官学校，从清朝末年到民国初年，曾办过许多期，从1901年到1923年，学校前后有过十五个校名，其中比较重要的有陆军速成学堂、陆军大学、保定陆军军官学校等，一般统称为保定军校。

保定军官学校的不少毕业生后来成为黄埔军校的教官。许多人成为国家军政两界的要员。在国民党及共产党高层内都有不少保定军官学校的学生。中国的许多著名将领，例如蒋介石、叶挺、张治中、傅作义、顾祝同、陈诚、白崇禧、李景林、张克侠等都是保定军校毕业。

2010年，我在北京档案馆见到一份资料，是民国三十六年（1947年）国民政府在马甸的户口登记。这份户口登记中有吴荫亭一家的登记。户口登记的内容是：1947年，吴荫亭住马甸东后街11号，53岁，二月十四日出生。河北束鹿人，初小文化；职业：农民；宗教信仰：信佛。吴妻焦氏，47岁，河北束鹿人，文盲。宗教信仰：信佛。

吴荫亭有七个儿子，在马甸与他同住有六个儿子。次子吴巨龄，17岁，小学四年，学徒。三子毓龄，15岁，小学四年，读书。四子颐龄，五子增龄都在上小学。六子冀龄刚两岁。

在吴荫亭一家的户口中，还有另外四人。一个叫吴积祥，63岁，是吴荫亭的叔叔。还有赵德洪，38岁；刘文山，60岁；周梅顺，65岁，农民。这四个人的籍贯都是束鹿人。

束鹿县，属河北省，位于石家庄以东65公里。

在这份户口登记中，都没有填出生年份，只填有岁数和出生日期。按岁数推，吴荫亭生于1895年2月14日。

对于这一段户口登记的文字，吴铎解释说，"关于宗教，严格讲我爷爷不信神佛，为什么在他户籍页上写佛？我以为老年间马甸地区属民族杂居，一般称汉族为'大教'，故而写'佛'。"

我同意吴铎的这个解释，因为我也在马甸长大。而且，在马甸的这份户口登记中，回族在"宗教信仰"一栏中，填一个"回"字，其他族群，不管是汉族、满族、蒙古族、藏族，在这一栏中都填"佛"。（马甸村姓金的人大都是满族。马甸黑寺喇嘛里有蒙古族和藏族。）

在这份户口登记中，有一个问题应该说明。户口登记中，吴荫亭的出生日期是1895年2月14日。可是吴铎告诉我，他们吴家记载的他爷爷的出生日期是1895年9月29日（农历己未年八月十一日）。两者明显不一致。

没有理由怀疑吴家记载的日期，他们不会把自己的父亲或爷爷的出生日期记错的。那么，北京档案馆保存的1947年的户口登记的出生日期就是错误的。

为什么会出现这种错误呢？

我曾为此做过调查。乡老们说，那次登记很认真，都是政府工作人员入室登记，由户主述说的。我问过我的几个邻居，并把他们的出生日期与那次的登记做了对照，都是正确的。而且，我家及我自己的有关出生日期的登记也都没有错误。

很明显，吴荫亭出生日期是有意错填的。但这其中的理由现在已经无从知晓了。

我猜想，吴荫亭这样做是为了保护自己。

吴荫亭在旧军队当过军官，那时军阀混战，他会有许多朋友，也会有不少敌人。他解甲归田后，已经是一介平民。那些仍然有权有势的曾经的敌人，可能会给他带来许多意想不到的伤害。

还有，关于吴荫亭在保定军校上学的经历，我在国家图书馆查阅了许多相关文献，有迹象表明，吴荫亭在解甲归田前，很可能用的是另外一个名字。

现在，可以对吴荫亭的经历作一个简单的描述。

吴荫亭，又名吴茂林，1895年9月29日（农历己未年八月十一日）生于河北省束鹿县。

吴荫亭在20岁左右时上保定军校，两年后毕业，毕业后在军队里做过见习排长。1921年，他离开军队，到河南灵宝厘金局任职。

厘金局相当于现在的税务局，但也有不同，厘金局一般设在关卡地带。厘金局在清末民初大都由军队办理。吴荫亭能做这个工作，可能也与他在军校的经历有关。他在河南灵宝没住多久，就离开厘金局，回老家束鹿偕妻子焦氏来北京投靠他的叔叔吴积祥。

吴积祥在清朝末期就已经在马甸种菜了，吴家菜园把菜卖给正黄旗军队，是吴积祥主管菜园时的事。

吴荫亭来马甸后，开始务农种菜，并以此谋生。

关于吴荫亭来马甸的时间，没有确切的记录，也没有直接证据。我们推断应该在1923年左右。这主要是根据吴家长辈传说下来的一些故事，同时也参考了马甸一些乡老的回忆。

1924年前后，马甸驻扎着奉系军队，奉军的纪律很差，士兵经常欺负百姓，马甸年长的人把那一时期叫闹奉军。这一时期是第一次直奉战争时期（1924年）。时任奉军第三梯队军团长的李景林率军驻在马甸。

李景林（1885—1931年），河北枣强县人，奉军著名将领，是张作霖的"五虎上将"之一。清光绪二十八年（1902年）入北洋新军，1906年入保定"陆军速成学堂"学习，1907年从"陆军速成学堂"第一期毕业。李景林是吴荫亭的校友和学长。

奉军的乱兵到处抢东西。有一天，乱兵到吴家菜园抢了一口袋马料黑豆，吴荫亭赶来挡住去路，喝道："放下口袋！" 乱兵不服，夺路而走。吴荫亭大声说："李景林是怎么带你们的？叫你们长官李景林来！" 乱兵见此人直呼其长官姓名，又见他威风凛凛，迟疑了一下，扔下黑豆口袋跑了。这事后来传到李景林耳朵里，他专门到吴家菜园向吴荫亭致歉。据说，他们两人一见如故，既是老乡，又是校友，他们聊了很长时间。之后奉军散乱的军纪有所收敛。

从这一事件里我们知道，吴荫亭至迟在1924年，已经到了马甸。

1925年，奉军控制了北洋政府，马甸地区也稳定下来。过了几年，又有"五十三保"告状事件。

在民国初年的很长一段时间里德胜门外马甸属河北省宛平县管辖。县治以下的地方政权施行"保甲"制。当时，这一带共有"五十三保"，其权力由乡绅豪强掌握。1928年后，北京地区暂时结束了军阀混战。百姓生产得以恢复。乡绅豪强看到百姓生产恢复，认为有利可图，就在政府正式的税收之外，以加强地方保安为名，又额外加征"青苗"捐，令百姓怨声载道。吴荫亭率领附近的众农户抗捐不缴。"五十三保"的头脑们多少也听说吴荫亭有些来历，未及动粗。他们联名到宛平县状告吴荫亭，罪名是："马甸东后街菜农吴荫亭率数户抗交青苗捐。"宛平县政府把双方叫去，审理后认为，"青苗"捐不是县政府派下去的税，判吴荫亭胜诉。后来，这些败诉的地方头面人物推举马甸附近的松姓保长出面请吴荫亭吃饭，吴荫亭粗衣布鞋，一身农民打扮只身赴筵。筵席上，吴荫亭与保长们说笑自如，仿佛从来没有发生过什么事。保长们见状纷纷夸誉吴荫亭，有的赞他能文能武，有的说他是桑梓柱石，有的夸他是大隐隐于市。吴荫亭对保长们说："此话不敢当，我只是一个种菜的人。以后平安度日，还要仰仗诸位。" 吴荫亭不卑不亢，说话软中带硬，乡绅豪强为其气魄所震慑，从此再不敢欺负吴家菜园。

这件事情，使马甸附近的农民免缴了"青苗"捐，使那些积极抗缴"青苗"捐的农户解除了可能受到的迫害，大家都从心里感激吴荫亭。

吴荫亭是一个勤劳的菜农。菜园子的活是很累的，种菜之前，要刨地松土，做畦平地，种上菜种后要浇水、除草、打秧、上粪。要夹风障、作秧畦。每一样活，吴荫亭都要去做。

吴荫亭家风很严，他自己以身作则，对邻里乡亲是和气谦让，扶危济困，对上不趋炎附势，对恶吏不屈从。多少显贵来访，从不向乡邻说起，也不许家里人炫耀张扬。他对孩子们要求也严，从小给他们讲道德，让孩子们从小劳动，从小学文化。在他大孙子吴铎刚五岁时，他亲自写了识字课本，教他认字。

马甸村里的乡亲对吴荫亭的评价也很好。乡老们曾经告诉我："吴荫亭待人很和气，但话语不多。"村里一位老哥还告诉我说，当年，吴家菜园宅前有一棵大槐树，老哥年轻时曾赶大车在槐树下停车乘凉，吴荫亭还叫夫人倒茶给他们喝。

吴荫亭的邻居有周家、常家、马家、丁家等，他们在谈起吴荫亭时都赞不绝口，他们说，吴荫亭经营菜园很辛苦，但他对乡邻从不吝啬。吴家有一口水井，水很甜，主要用于浇菜，但邻居们都可以无偿去挑水 。时令蔬菜下来，乡邻有需要去取用时，吴荫亭从不收钱。

解放之初，吴家菜园共有16亩菜地。吴积祥名下8亩，在德清公路以西（马甸后街16号）马家房后小道以北。地的最西边有一排房子，坐西朝东，共是六间。

北角上有桃树一棵，水井（带水车）一眼，地的北边是沟，菜地计8亩。

吴荫亭名下8亩，在德清公路以东，马甸东后街3号周家房后20米。地东边是马家坟院，西至德清公路，北至尹家坟院西南约30米大沟。

吴荫亭一家因为人多地少，又是租种的地，解放后被划为佃农，并且分得了土地。

吴铎说，他爷爷见到毛主席时还谈到此事，打心里感谢共产党。

1958年成立人民公社，吴荫亭成为朝阳区太阳宫公社的社员。

吴荫亭于1961年5月21日（阴历辛丑年四月初七日）在马甸病逝，时年66岁。

吴铎回忆说："1961年春末我爷爷殁后，出殡时路过马甸、红庙、双旗杆，乡邻家家在路旁设茶桌路祭。我印象每走几步便下跪回礼，现在思量这就是乡邻对我爷爷一生的褒奖。"

吴铎说："回顾历史，我爷爷一生不张扬，使吴家躲过很多历史漩涡而不遭劫难。民国乱兵，日本鬼子汉奸，新中国历次运动，我爷爷似乎先知先觉。现在，每当我看到爷爷在我5岁时给我写的识字课本，我对他老人家的敬仰油然而生。"

有人问，毛主席到吴家菜园来之前认识吴荫亭吗？我觉得从吴荫亭的经历来看，好像不认识。

那么，毛主席是偶然到吴家菜园的吗？我觉得好像也不是。毛主席应该是有所准备才到吴家菜园来的。

由于在政府高层中，有不少人是保定军校的毕业生，我想很可能是吴荫亭的某一位同学告诉毛主席，他有一位校友在德胜门外马甸种菜，毛主席听了记在心里，于是在闲暇时来马甸访问吴荫亭并参观他的菜园。

第九章　西村

西村是一个自然村落，在马甸西边一百多米。因为在马甸之西，所以人们称之为"西村"。

记述马甸的历史必定要描述西村，其主要的原因是，两个村子在商业上是一个整体。探索西村的历史实际上是对马甸村历史的一个补充。

第一节　西村和马甸是一对兄弟村庄

西村和马甸中间隔着南北并列的两座喇嘛庙。南边偏西的喇嘛庙叫慈度寺，又叫前黑寺，北边偏东的叫察罕喇嘛庙，又叫后黑寺。两寺中间是一条东西向大道，这条大道把西村和马甸紧密地连在一起。村里的老人们都说，如果没有这喇嘛庙，两个村子一定会连成一片。西村由于名声不大，远方的人都把它叫作马甸西村或是叫作黑寺西村。西村也是一个回族聚集的村庄。据1947年统计，当时劳动力有213人，其中回族有130人，占人口的61%。

在马甸和西村中，当有人谈到两个村子的历史时，老人们都会说："先有西村，后有马甸。"也有的老人告诉我："明朝时就有了西村。"我曾经向许多人征求过证据，但是没有结果。可是我仍然认为这两种说法可能是真实的。

根据一些资料，马甸的牛羊买卖，到清朝康熙时达到一定规模，马甸那时候也成为一个成熟的村庄。这些从马甸清真寺的古碑上可以知道。那么西村是什么时候成村的呢？

西村紧贴着慈寺度。慈度寺的前身很可能是一座明朝时建的寺庙，寺庙的名字叫最胜寺。有迹象表明，最胜寺建成后不久，在它的西墙外出现了一个小村庄，就是西村。

最胜寺建成大约在明朝正德十年（1515年）。就是说，在明朝中叶时西村已经成村，而当时马甸的村落可能刚具雏形，所以历代留下"先有西村，后有马甸"的传说。

西村的村民多数是从事商业活动的，和马甸一样都是商业化的村庄，但功能有着明显的区别。马甸村自从明朝和清朝以来，一直经营马和牛羊买卖，街上的商号一家接着一家，有几十家之多，是羊行商业的主体。西村虽然很少有羊行商号，但是这里住着马甸羊行的老板和羊行的伙计，及马甸商业链的从业人员。应该说，马甸商业链从业人员绝大部分住在西村。马甸商人的土地，大都租给西村的农民耕种。马甸村民的一些生活用品，比如煤球、豆腐、小吃等也由西村生产供应。可以说，西村是为马甸商业服务的村庄。

西村和马甸就像是两个兄弟，有主有从，互相依存，互相需要，这种关系已经延续了有几百年。

第二节　马甸的税所风波和西村

1929年下半年，国民党北平市政府财政局在马甸派驻牙税稽征分所，负责直接征收马甸羊只交易的商业税。以前，马甸商业税都由马甸商民协会代收代缴。现在绕过马甸商民协会由政府直接征收，遭到了马甸商会的极力抵抗，也遭到普通商民反对。开始，并没有人来交税。

1929年10月，马甸税所派人拦截马甸羊只的商业流通，强迫商民交税，由此造成马甸商民与税所发生冲突。

马甸商民在孟子余等人的带领下于10月21日冲进马甸税所，绑架税所人员，抢走税票。之后，政府逮捕了孟子余等人。

马甸发生的砸税所风波，参与者有许多是西村人。

该事件的带头人孟子余是西村人，住西村14号。他是马甸"成庆和"羊行老板，马甸商民协会委员，也是北平特别市商人总会第九区会执行委员。当时，第九区会的好几个委员都带头参与了这次事件。

北平商人总会及第九区会的会员马子章家住西村7号，10月21日与孟子余一起带头冲击税所，同日下午被公安局拘押。他是马甸的一位小老板，受羊行的委托负责向城里赶送羊只。旺儿是他的雇员。

西村马子章被拘押后在公安局供述记录的
影印件（北京档案馆）

西村还有许多其他参与者，有的被公安局抓走了，有的逃跑了。当时逃离了马甸和西村的人，之后好像当局也没有再给予处理。

西村53号住着柏子立和柏松泉父子，父子二人都参与了这次事件。公安局抓人时，柏子立逃走，柏松泉被抓走。柏松泉在公安局里供述说："我二十二岁，在黑寺西村53号住。柏子立是我父亲，开'义兴成'羊肉铺生理。我亦在铺内帮忙做买卖。今蒙传讯。今早我父亲赴口外买羊去了，是以我来回话。本月七日，有商民协会请我父亲调停牙税之事，我不在场，不知内容。至于本月二十一日早，我父亲已出口外，柜上事忙，我未出铺，其余不知情。"

李步云是这次事件的领头人之一。他的儿子李春华当时住在西村，李步云事发后逃走，李春华被公安局抓走。李春华在公安局说："我系北平人，二十岁。我父亲李步云是商民协会常务委员。我与九区会并无关系，发生冲突一事一概不知。"

当时被抓走的西村住户还有白佩林等人。后来这些人除孟子余外都被无罪释放。

第三节　西村街道和人物

西村的街道与马甸不同，马甸是沿着德胜门到清河的古道形成的村庄，是很规矩的南北向街道，西村是沿着前黑寺和后黑寺的西墙形成的村庄，由于两座寺庙在南北方向上是错开的，所以西村的街道走向并不完全是南北向，而是一个有几个拐弯的折线形。最初的西村是在最胜寺西边形成的街道，也是南北向。其后，随着马甸商业的发展，西村人口也多起来，兴建的住宅，则在前黑寺北墙向东发展，向东约三十几米后，碰到后黑寺西墙，又顺着西墙向北走，形成一个曲折的街道。其门牌号数的排列，也与马甸类似，先从街道的东侧算起，由南往北，号数依次递加，再随街道拐向东，再向北拐，到最北头，又从街道的西侧最北头向南排，依次再到街道的最南头。

在村子中部偏北，有一个东西向的胡同，称为后胡同，胡同口在西村大街的40和41号之间，这个胡同里，也住了30多户人家。

据1947年国民政府的户口统计，西村当时共有住户165户，男，425人，女395人。共820人。其中后胡同住户30户，计148人。全村劳动力213人，农民19人，小商人39人，其他职业如：警察、工人、职员、铁匠、瓦匠等25人，余下的130人都属于马甸羊行的商业人员。

在西村居住的村民中，虽然有在马甸当老板的，但大部分人是马甸商业链的底层人员，比如"赶趟的"，他们为老板从塞外草原徒步把羊赶到马甸。"赶羊的"，这是马甸商业的一个行当，任务是为老板或客户往城里送活羊，这些羊要赶着进城，送到各肉铺。比如拉排子车的，他们要把宰好的牛羊肉拉到城里，送到雇主指定的地方。还有的收购牛羊下水、羊皮牛皮、羊蹄牛蹄。这些行当在马甸商业链中挣钱最少，活计最累最脏。

西村的村民整体上没有马甸的人富有，但也有几家豪门。而且，在比较开明和富有的商业环境中，西村出了几位在北京乃至在全国都有名的人物。我们把西村几家重要住户大致介绍一下。

西村4号大院，被人叫作姜家大门。这是一个讲究的四合院。院子的外墙都是用雕花的砖石砌成。院子大门临街朝西，大门左右各有一个石头做的饮马槽。进大门往东走三十几步是二门。二门朝南，很讲究，大理石的台阶，门口左侧有几个拴马石，两扇黑漆大门，门的两边各有一座带有雕刻花纹的很精致的石鼓门墩。门前有影壁，影壁前是一口大鱼缸，缸有一米多高，口阔七尺多。缸里养有金鱼。二门里边是两进院子，方砖铺地。进大门向左，一溜五间南房，南房对面，是第三进院的大门，院里正面，是五间瓦房，两边各有一间耳房，正房共有七间，正房前左右各有三间厢房。厢房前有一棵粗大的枣树。如果不进二门，直接从门前往东走，有一个小门，小门里是后院。后院内有水井、磨房、柴房、下人住所等。这院子原来是一位姓姜的大财主家的，这位财主既有许多土地，又在马甸乃至城里都有买卖。解放前几年，财主因为嗜赌败落了，把院子的大部分房子卖给别人，自己留下东西厢房出租。解放后土改，姜财主被划为地主，东西厢房被没收。东厢房被分给西村穷户，西厢房被改成西村的供销合作社，出售各类商品，收购鸡蛋及铜铁金属等，后来又改为粮店，出售粮食、食用油等。

解放初期时，4号大院里的住户，有的是在马甸屠宰场拉排子车的。他们受雇主的指派，把屠宰后的羊只拉到城里的肉店里。还有几家是在马甸的羊行里干活。

西村8号是一家杂货铺，临街一间房作为铺面，主要卖生活用品，针头线脑、油盐酱醋、上学用具、火柴烟酒等。我记得还卖一种博彩。博彩是一个纸盒，里边分一百个格子，用纸蒙住，花一分钱可以摁破一个格子，并得到一份相应的礼物。礼物最高的是一个洋娃娃，最低的什么都没有。孩子们常用一二分钱去摁那些格子。我也常去摁，希望得到一个洋娃娃，但终于没有得到，赢得最多的一次是得到一块糖球。

旁边9号也是一间铺面，以前是一间茶馆，进门是几张颜色很深的枣红色八仙桌，桌边桌角已经磨出了土黄的木头的颜色，桌面擦得很干净。桌旁是条凳，往里是柜台。到解放初期，这间茶馆也改成为杂货铺。茶馆南侧有一个小门，进门是个不宽的过道，往里走是一个小院子，这是茶馆马老板的住宅。这家有一位老人，当时已经有七十多岁了。村里人都叫他马二巴（二爷）。老人家经常推一辆小车，在马甸和西村卖糖果。给我印象最深的是，每到大年三十的晚上，孩子们都穿了新衣服，打了灯笼，到街上玩儿，相互追逐嬉笑。马二巴的小车上也挂了一盏灯，在街上给孩子们卖关东糖等食品。他的胡子上满是霜气，脸上露着笑容。我那时觉得，这老人多忙呀，过年了也不歇一歇。心里甚至有一点怜悯。现在想起来，老人也是乐在其中呀。

再往北10号是个剃头铺，老板叫王德顺，带有一个伙计。这间剃头铺的铺面比茶馆往里缩进有半间房的位置。铺内一进门靠墙角有一个木制的脸盆架，上边放一个紫红色的铜盆，是用来洗头的。往里是一个旧的太师椅，供客人使用。那时候理发主要是用剃头刀剃头，剃之前要先用比较烫的水洗头，如果不先洗，用刀剃的时候头皮会觉得挺疼。

西村11号住着高世荣一家。高家开了一个煤铺。他租用西村30号前的一片空地，作为煤场。过去，马甸和西村的商铺及家庭取暖、做饭、烧水大都用煤球。煤铺就是制作和贩卖煤球的地方。当时西村有两家煤铺。高世荣外号叫高瘸子，名不好听，可是煤球做得好，大家都爱买他家的煤。那时候，煤球是用手工摇出来的，那是一门手艺。高家的煤场是一片开放的空地，就在路边，我小时候常去看他家摇煤球。

煤球的原料是煤末、煤粉面、黄土三种。煤末、煤粉面比例是七比三，然后再加三分黄土，先把原料按比例用水和好，然后在平地上撒一层煤面，把和好的煤撒在煤面上，约三公分厚，上边再撒一层煤面。这时就用剁子把煤饼剁开，剁子是一个铁质工具，一尺见方，周有四框，后有长把，框内有前后向刀片，用来把煤饼切成小方块。有七八成干的时候，放到煤筛里摇，这样就摇成了煤球，撒在地上晾干，就可以拿出卖了。

煤末是好煤，出自门头沟的煤矿，煤粉面是石质煤，进货时常是黑色的小块石板儿，只有三分火力。据煤场的人说，马甸羊行用的是大号煤球炉，火力旺。放石质煤是防止煤球在燃烧时火力过猛，把煤球烧成煳状，那样上下不通，炉火就熄灭了。放黄土是为了增加黏性，使煤球成团。石质煤虽为黑色石片，但较松软，可用拍子打碎。拍子也是铁做的，有三斤重，八公分见方，后边有一个装把儿的圈口，拍子的把儿是一捆细竹藤条，这样拍打煤块时才不震手。

我有时候一边看一边还能帮助煤场的人拿个工具什么的。当高家人不在的时候，我就去煤筛前摇一摇。这煤筛是用荆条编成的，有细孔，摇的时候可以让煤末漏下去。煤筛下边放一个陶质的花盆，摇的时候方便转动。

1956年，公司合营，西村的两个煤厂与其他的几个小煤厂合营并店。新的煤厂选在西村北边靠近后黑寺西墙的一块空地。1958年后，这个煤厂改为国营煤厂，负责西村、马甸及附近居民燃煤的供应。这个煤厂一直到马甸居民拆迁才取消。

西村14号是清真女寺。创建于20世纪30年代，这里原来是马清泉的住宅，后来马清泉要把这里卖掉，作价1000元。马甸和西村的当地乡老到外地写乜贴（募捐），买下这块地方作为清真女寺。清真女寺内有位胡师娘，为女穆斯林传经领拜。当时，马甸西村以及周边地区的回族老太太们和青壮年妇女都到西村清真女寺礼拜。

据北京档案馆资料记载，西村14号在1929年时曾住着一位羊行老板，叫孟子余。1929年，马甸发生了砸税所风波，孟子余是带头人。

这里应该有一个说明，清真女寺在西村14号，是1947年使用的门牌。这一资料出自海淀区档案馆，叙述人是马甸清真寺前管理委员会主任马廷奉，应没有错误。1929年时，孟子余住西村14号，这个资料出自北京市档案馆，是孟子余被捕后在公安局自述的，也应没有错误。这是在不同的年代出现的两个14号门牌，这两个14号住宅不是一个院子。由此应该说明的一个事实是，1947年西村的门牌号数与1929年的号数并不相同。

西村16号是薛文波的祖宅，薛文波也出生在这里。薛家是回族，世代在马甸经商。

薛文波出生于1909年（卒于1984年），字西村，号锦章，经名达乌德，回族，中国现代穆斯林知名人士，是著名的回族史学家和教育家。

西村35号住了好几家人，有一家姓张，是一位武术师傅。张师傅有四十多岁，光头，中等个儿，很结实的身体。他使一柄三股钢叉，每天下午三点以后在自家门前的空地上赤膊练武。这柄钢叉的颈部有几个铁环，好像是薄铁的，舞起来后，铁环哗啦啦地响。我很少看到张师傅用手舞钢叉。他经常是把叉放在光背上，腰一扭，叉就在背上旋转起来，有时转到前胸，有时在头顶上转。叉转得既快又流畅，铁环的响声既有节奏又清脆悦耳。外村的人走到这里，总会停下脚步看上一会儿。本村的人捧场的不多，是看惯了。

在西村40号和41号之间有一条东西向的胡同，叫后胡同。后胡同里住有三十几户人家，门牌号数独自排列。从胡同的南侧由胡同口向里逐次增加号数。到最西边再从胡同北侧数回来，共有十九个门牌号数。后胡同里住有好几位著名的人物。这里曾经住过几位马甸羊行的老板、清真寺的阿訇、有名望的医生、学者、教师，马甸的教书先生丁子瑜早年就住在西村后胡同。

西村43号是一间杂货铺，铺名叫成记杂货铺，不知为什么老板却是姓何。

44号原来是一家豆腐坊，在1946年前后倒闭了，住进了姓姜的一家人。

　　在9号小铺的对面，即西村50号与63号之间，有一个很宽的胡同，能走大车，胡同是斜向的，从东南向西北，往前走就到了去牤牛桥的古道。西村有人管它叫前胡同，但大多数人认为这是一条大车道，所以前胡同的名字没有叫开。大车道的两侧住有十几户人家。

　　西村77号住的一家人姓张，主人叫张德海。张德海在民国初年只身从北京东郊来到马甸，经过几十年的打拼，凭着自己的努力，到解放前，他已经是一位经营羊只买卖的小老板。

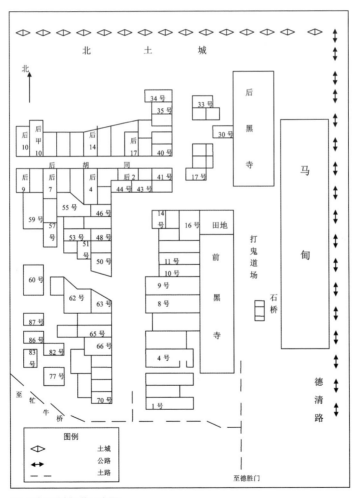

1947年西村街道示意图

西村虽然不像马甸那样有着轰轰烈烈的商业买卖，但马甸的许多名人都出自西村，比如薛文波、丁宝臣、丁子瑜、孟子余等。我曾经思索其中的原因。有人会说是人杰地灵，这不错。除此之外，还应该与这里的环境有关。西村离城关不远，在那样动荡的年代里能及时接触到各种先进思想。再就是这里在马甸之旁，有着极好的商业氛围，人们积极进取，行为开明，经济上富有。可以说，马甸几百年的商业积累，造就了马甸的财富和西村的人才。

第十章

村北健德门

马甸村位于元朝大都土城之内。村北紧靠土城的健德门。

从德胜门到长城外的道路穿过马甸，过健德门往北，这是一条明清两代沿用了数百年的古道。在这几百年间，健德门实际是马甸村的北村口。

第一节　土城和健德门

1. 健德门遗址

健德门是元朝大都城北边的一个城门，现在只留下遗址和地名。城门建筑早已不存在了。元朝都城四周共有十一个城门，北边有两个，其东侧的叫安贞门，西侧的是健德门。健德门是元朝大都城一个极其重要的城门，由于元朝发源于蒙古草原，其上都也在长城之外，健德门是元朝联系两个首都的咽喉要地。

健德门的名字据说取自《易经》。《易经》说："天行健，君子以自强不息。""见龙在田，德施普也。"

健德门的遗址比较好找：到马甸立交桥，往北走三百多米，找到土城，顺土城往西走约一百米，土城在这里断开，留下一个豁口，这豁口就是健德门遗址。或者从马甸清真寺往北走三百多米，见到两侧有土城，中间有土城豁口，这就是健德门遗址。

健德门在今北京城德胜门正北约五里。元朝灭亡后，明朝在其南五里又建一条北城墙，以防元朝余党侵扰。三年后，明朝废弃元朝北城墙，以其新建的墙为北京的城墙。并在与健德门相对应的位置建城门，起名叫德胜门。城门虽然南移，但北京至长城外的道路，仍然经健德门北上。

元大都城墙虽然是土质的，但所有十一座城门洞却是城砖建成的。有资料指出，1969年夏，在拆除西直门（元朝时叫和义门）箭楼时发现元朝和义门瓮城城门的遗址，遗址中城门洞是城砖砌成的，是砖券式门洞。门洞内有题记，表明它是在1358年加筑的。城门是木质的，在门洞内有灭火设备，以防止木门被火攻陷。这次考古发现由实物证明，元大都的城门洞是砖质的。学者刘晓在一篇论文中指

出，原来，元大都各城门的门洞可能是"过梁式"木构门洞。元朝至正十九年
（1359年）冬天，元顺帝为防起义军攻城，下令建造和加固包括健德门在内的
11座城门的瓮城和城外护城河的吊桥。同时把"过梁式"木构门洞改建为砖券式
门洞。

健德门遗址——路牌处是原健德门瓮城

　　有资料说，元朝大都城墙的四个拐角都建有巨大的角楼，每个城门外侧都建有
箭楼，箭楼面阔三间，进深三间。箭楼内驻有士兵和存有守城士兵的武器，同时备
有防御火攻的装备。马可·波罗在他的记载中说，元朝大都每个城门的箭楼都是一
个漂亮的建筑物。

　　由此我们知道，健德门和其他城门一样，有城楼、瓮城、箭楼和吊桥。城楼下
有城门洞，车马人员由门洞进出，城门洞有木质的大门。大门夜间关闭。城楼和箭
楼都是城砖砌成，瓮城的城墙则是土质的。

　　在解放初期时，健德门附近的土城还比较完整，城墙是很直的东西走向。在健
德门城门东西两侧的地方，土城以直角突然向北拐并延伸约有五十米，是很直的南
北方向，并没有弯曲。这就是健德门瓮城的城墙。也就是说，健德门瓮城南北长约
有五十米。瓮城是笔直的，没有弧度。从当时健德门豁口的宽度看，健德门瓮城的
宽度也有五十多米。这个规模可能比德胜门略小。

健德门有多高呢？没有见到记载。因为土城当时高十六米，推想健德门一定比土城高。一般情况下，健德门应高于二十米。

由于健德门是元大都很重要的一个城门，我们推想，健德门和德胜门一样，也应是一座雄伟的建筑。

健德门始建于1267年，好几年后才建成。到明朝洪武四年（1371年）健德门被废并被拆除，前后存在了不到一百年的时间。

2．健德门附近的土城

元朝都城的城墙是土质的，外层并没有裹砖。虽然是土城，但仍是一座坚固的城墙。土城完全用黄土分层夯打而成，最底层用土、石灰和糯米汁混合夯打，十分结实。

城墙突出在外的部分称为马面

现在，从土城损坏的地方仍然可以看到那些分层夯打的黄土和石灰。虽经七百多年的风雨，土城的质地仍然非常坚硬。

据有资料说，土城刚建成时，底宽二十四米，高十六米，顶宽八米。城墙每隔约七十米修马面（又称为敌台，因外观狭长如马面而得名）一座，马面突出在城墙之外，是专为从侧面射杀攻城的敌人设置的。在冷兵器的时代，七十多米应该是弓矢的有效射程。

现在你如果到马甸附近的土城上走一走，每走六七十米的距离，你就会看到土城有一个向北突出的土包，在这里土城表面突然变宽，这土包就是当年马面的遗迹。

土城上筑有女墙，女墙色白，这与蒙古族尚白的习俗有关。城墙顶部沿中心线铺设半圆形瓦管，用于排泄雨水。城墙外覆以苇草，避免雨水冲毁城墙。

解放初期时我家住在马甸村，我常和小伙伴在土城上玩，顺着村北的土城往东走，到这一段的尽头土城向北拐，往北再走几十米土城就到了尽头。往北的这一段土城就是健德门的瓮城的城墙，那时候，瓮城墙土城的北部端头有一座烽火台式的土堆，圆柱形，下粗上细，就像是犀牛的独角。那土堆也很结实，我和小伙伴就比赛看谁先爬到上边去。这土堆应该不是元朝的遗物，很可能是一座近代的碉堡的废墟，也没准是明朝以后的烽火台，总之应该与战争有关。

有人问，北京的城墙都没有了，为什么土城还在？

健德门遗址旁的土城

我觉得这应该与政府的保护有关。解放初期，在马甸附近的土城外至护城河南都是耕地。合作化以后，土地归公，政府把土城外至护城河南的耕地都收为国有，从1955年开始，在土城外的土地上栽上了杨树及其他树种，并组织马甸小学的师生每年给这些树木拔草松土，保护树林。一两年以后，又在土城上栽上侧柏。现在马甸附近土城上的松柏就是那时候栽种的。虽然后来土城仍然遭到各种各样的破坏，但终究还是基本保存下来。现在土城是"全国重点文物保护单位"。北京市政府在土城内外建成了"元大都土城遗址公园"，土城的面貌发生了积极的变化。

现在的土城上长满了各种树木。土城顶部有小路可以供游览者行走。每隔一段距离，都会有小路供游人翻越土城使用，这些小路有的铺了水泥台阶，有的仍是土路。

因为解放以后健德门翁城城墙保存比较完好，地势较高，1977年，国家科学院大气物理所在健德门西侧瓮城与土城交界处修建了一座大铁塔，铁塔地基高程为海拔49米，塔高325米。据说高度居世界第二、亚洲第一。这座铁塔用于气象观测，所以又叫"气象铁塔"。据介绍，铁塔每层平台都装有风速仪、风向仪、温度仪和相对湿度仪。中国科学院大气物理所用以探测大气温度、湿度、湍流、风向、风速等变化规律和污染扩散状态，为首都空气污染以及大气边界层、大气湍流扩散等研究服务。

这座铁塔由于高，在很远的地方也能看到。即使在香山的鬼见愁，在天气好的时候都能看到它屹立在城市的平原大地上。这座铁塔现在已成为马甸地区标志性建筑。

元大都土城是"全国重点文物保护单位"

气象铁塔分部的院门

3．健德门外护城河

健德门外有护城河，刚解放时，护城河的水量还很充沛，河有两丈多宽，河水顺着北土城长年不断地由西向东流。河水还比较清，河里能看到有鱼在游动。早先，河水绕着土城走，过健德门、安贞门，然后向南拐，过光熙门再向南。

健德门在明朝虽然被废弃了，但从德胜门到长城外的大道仍然从健德门遗址通过。这条通往长城外的古道，从德胜门出来后过官厅村、马甸村、小关街，往北过清河镇，再往北，经昌平至长城外。这条道曾经给沿途的许多村镇带来繁华。可是，经过明清五百多年的碾压和踩踏，古道渐渐走成了沟壑，一下雨就经常积水。到20世纪30—40年代时，修了一条从德胜门到清河的石子路，叫德清路。德清路在这条古道的东边一百多米，是现在京藏公路的前身。新路修好后，古道就渐渐被废弃了。

新修的德清公路穿过祁家豁子，祁家豁子也是土城的一个豁口，在健德门豁口东边约一百米。这里住了几家姓祁的人家，所以叫祁家豁子。人们在祁家豁子外的护城河上为德清公路修了一座木质的大桥。这大桥是由许多很粗的圆木修成的。到解放初期我见到时还很结实。这木桥修好后，健德门外护城河的水还是经过祁家豁子向东流的。解放前后，有人在土城之北、祁家豁子以西堆上了垃圾，并逐渐成了北京城北的一个大垃圾场。从健德门豁口到祁家豁子这一段护城河就被掩埋了，河水不能再向东流动。

马甸村中间的古道被废弃后，由于低洼，渐渐变成一条河。河水主要是雨水。这条河在健德门外与土城的护城河汇合，转而北流，顺着废弃的古道，向北注入清河。

解放初期，健德门外和"小关街"相对的护城河上并没有任何桥梁。因为这一带河床比较宽，河水不深，河中间放了几块石头，人们踩着石头过河。大车经过这里时，直接从河水里经过。

据马甸的乡老们说，健德门外护城河上原来有一座石桥，桥对面就是小关街。桥的名字没有流传下来，也许原来就没有名字，附近的人都叫它"大桥"。我们暂且叫它"健德门石桥"。桥有三孔，所以桥的拱度不高，适宜走车。桥面大约有五米宽，桥上有石栏。桥的位置对着健德门豁口。这座桥在解放前十几年就已经破损不能用了，据说，当时桥上的石栏杆有不少断裂了，掉到桥下；桥洞的拱石也有许多掉到水里。到解放时，这座桥就已经不存在了。解放初期，我过健德门的护城河到小关去，由于没有桥梁，我是踩着河中的石头过的河。那些石头可能就是石桥的遗物。

这座"健德门石桥"在一些出版物上也有记载。有一幅拍摄于20世纪30年代的健德门石桥的照片，照片显示，1936年之前，健德门石桥就已经不能使用了。

"健德门石桥"不是元朝建的，元朝时健德门外护城河上是一座吊桥。根据《元史》记载，元顺帝曾命令在京师每一个城门的护城河上加紧修造吊桥。

"健德门石桥"应该和牤牛桥一样，是明朝时建成的，但可能比牤牛桥建得要早，因为这里是交通要道，估计明朝初年这桥就建成了。所以这桥比牤牛桥坏得也早。

有的文章说，健德门外护城河上的这座桥叫"挡羊桥"。这是说错了。"挡羊桥"另有所在。

还有的文章说，健德门外护城河上的这桥在1970年前后才拆掉，这显然是不对的。

解放初期，在健德门豁口以西二百多米的护城河上有一座木制的桥，这桥看样子像是新修的，不很宽，桥面刚能走一辆大车。当时马甸和西村的村民常常翻过村北的土城，过这座木桥到河的北岸去。

健德门外护城河后来被改造成"小月河"。2003年，北京市政府组织实施元大都土城遗址公园建设，把原来的土城护城河改造为一条城市河流，并命名为"小月河"。小月河沿袭了原护城河的河道，并在健德门外与马甸前街的暗河相汇合。汇合后小月河在这一段也成为暗河，还是沿着明清的古道，向北流入清河。

健德门外护城河上的石桥——1936年（王璧文《元大都城坊考》）

小月河与马甸前街暗河的汇合点在健德门豁口外西北约一百米的地方，人们在那里修了一座水闸，水闸上是一座二层小楼。小月河在这里就从地面消失了。

小月河的水平时是不流动的。水闸的作用是控制小月河中河水的存量。在水闸上建有一个小院子，门口朝南，门边的墙上写着"为了您的安全请勿靠近水利工程设施"的警告语。这个院子里的工作人员是小月河的管理者，他们常常乘坐着小船在河面上打捞漂浮物，有时清理河中的水草等。

改造后的小月河拆掉了当年健德门豁口西侧的木桥，并在木桥的位置修建了一座单孔石质拱桥。石桥整体为白色，其桥身、桥面和栏杆都是由大理石建成，远远看去十分漂亮。现在马甸西村改为了月季园和玉兰园，这里的居民仍然顺着当年的小道翻越土城，再过新的石桥到河的北岸去。由于这条土道一下雨就满是泥泞，后来人们在土道上铺了水泥板，现在人们走起来就顺当多了。

4. 牴牛桥、卧虎桥、挡羊桥。

健德门外及其附近从前有三座桥梁，由于都以动物命名，所以人们常常津津乐道。这就是：牴牛桥、卧虎桥、挡羊桥。这三座桥我只见到过牴牛桥。牴牛桥是一座单孔石桥，架在土城护城河上，在健德门以西不到二里的地方。牴牛桥在解放时还非常完好。直到20世纪60年代才被拆掉。卧虎桥在马甸之北，健德门以外正北三里多地。据说这也是一座石桥，南北走向。这桥也早已不存。但卧虎桥的地名在解放前时还在。查一下1947年出版的北京地图，卧虎桥的地名还被标注在图上。

小月河经过这个水闸后就成为地下河

　　"挡羊桥"我没有见过，也没有图册可以查它的位置。在出版的一些书册中有关于它的描述，但说法各异，且有明显的错误。我在健德门附近的马甸和小关一带访问过几位老人，希望弄清它在哪里。

　　我在访问中听到几种说法。比较集中的说法是：挡羊桥在土城护城河之南，土城之北，在健德门石桥南边偏东。

　　原小关街有一家大户叫"小关王家"。小关王家一位八十岁老人和马甸村北头一位七十几岁姓史的老人向我描述了他们见到的挡羊桥。他们说，挡羊桥不在土城护城河上。他们管护城河上的"健德门石桥"叫"大桥"。他们说，挡羊桥在土城护城河南，在大桥和土城之间。在大桥南边偏东。挡羊桥没有桥栏，也没有桥洞，桥面由条石砌成，条石长有五米，南北走向，并排有五块条石，每块宽有六十厘米，全宽有三米多。桥面离地面高不到一尺。桥面没有弧度。小关王姓老人说他小时候常去挡羊桥玩。马甸史老人说她二十几岁常带孩子去那里玩。王姓老人说那条石是土黄色的，史姓老人说那条石是红黄色，有黑斑。两人说得虽然不一样，但从地质知识上看，很可能是一种花岗岩。

这几位老人向我描述说，挡羊桥东边住有一户人家，叫潘车子。东南有一户人家叫陈富春。陈富春家门前有一口大井，井口有一丈多宽。这口井叫"御满井"，井水很充沛，一次够一百匹马喝水。井旁有石头做的饮马槽。据说古时候皇帝的马队从这里经过，常在这里饮马，所以叫"御满井"。王姓老人回忆说，他小时候第一次看到井口这样大的井，心里都很害怕。史姓老人说，她有的是自己看到的，有的是听婆婆说的。

在我访问的老人中，还有几位与王姓老人说得类似，都说挡羊桥在护城河南侧。同时，有一位说挡羊桥是在健德门外小关街北边约一里的地方。还有一位说是在苇子坑。苇子坑在小关北约两里地。其他有的说记不清了，有的说不知道。当我问健德门外护城河上那座坏了的石桥是不是挡羊桥时，他们所有人都说："大桥是有，没听说过叫挡羊桥。"

挡羊桥的位置虽然调查中有不同说法，但我相信王姓老人和史姓老人说得接近真实。两位老人互相并不认识，而说法几近相同。他们有一个共同点，就是住得离挡羊桥近。我觉得可信度比较大。况且，他们的说法也有不少支持者。

那些说挡羊桥在小关之北的人也许指的是卧虎桥，把名字记混了。

各种资料显示，由于马甸是羊只买卖的市场，羊只从北方草原赶来后，政府在这桥上设卡收取羊只税费，这桥就被人叫做挡羊桥。

我也想过为什么马甸的许多人都不知道挡羊桥。应当说，挡羊桥在很早就失去了实用性。又没有桥的大多数体征。当年只有离它近的人才感到它的存在。由于经常去桥那里，人们才关心桥的名称。离得较远的人就渐渐模糊并淡忘了。而且很可能它原本就不是一座真正的桥：距地面不足一尺，没有弧度，也没有桥洞。展现给人们的就是一个不高的长五米、宽三米的石头台子。如果说桥洞被泥土埋住了，可能性极小。在这里，也不可能有小河而需要在上边建桥。

这样看来，这个石头的台子就被用来收取羊只税费的一个建筑。因为羊只要从上边经过，以便于税官清点数目和收取税费。由于这个石头台子有桥梁的作用，也有一些桥的体征，因此被叫做挡羊桥。

这桥什么时候被拆，他们都记不很清了。王姓老人说是"文化大革命"时拆的，史姓老人说是1981年或1982年拆的，因为史姓老人二十几岁时还带孩子去那里玩，那时应该是"文化大革命"初期。由此可以知道，在"文化大革命"初期时这桥还在。

综合各种说法以及一些记载的描述，挡羊桥是在20世纪80年代初整治小月河时拆掉的。

关于挡羊桥的位置，在一些出版的文章中有提及，其中大都说，健德门外护城河上的石桥就是挡羊桥，而且这桥是1983年拆掉的。这种说法恐怕是错的。第一，马甸和小关的居民离这桥最近，在我访问的所有老人中没有一位认可这种说法。这些老人有二十位之多，年龄在七十六至八十一岁之间。第二，健德门护城河上的石桥在解放时就已经不存在了。我小时候在马甸长大，我在解放初期时都没有见到过护城河上的这座桥，怎么能是1983年才拆的呢？

根据历史资料，一百多年前，马甸羊只税费确实是在挡羊桥那里收取，当时在挡羊桥那里建有税局。

在民国四年（1915年）出版的《实测京师四郊地图》中，在健德门外右边，护城河南侧建有税局。这税局的位置与马甸和小关的老人说的挡羊桥的位置相符。这挡羊桥就在税局的旁边。

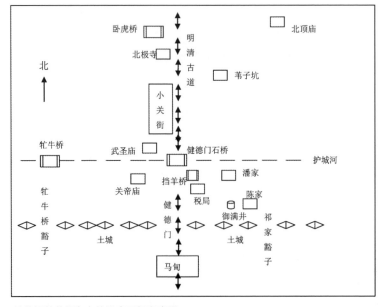

健德门外曾经存在的几座石桥示意图

牤牛桥旧影（北京坟协网站）

牤牛桥上的石刻牤牛图像（北京坟协网站）

这份民国初年的地图为挡羊桥的位置提供了有力的证据。

据北京档案馆史料，民国初年1920年前后，马甸羊只税费已经在马甸羊行内收取。那么，《实测京师四郊地图》中所标注的小关税局应该是在清朝或最迟在清末民初时收缴马甸羊只税费的地方。在挡羊桥收缴羊只税费的历史可能比这更加久远。

第二节　小关

出健德门豁口，在护城河北边有一个小村庄，叫小关街。小关街在元朝时是健德门的关厢，曾经有许多客栈、饭庄、马店、小市场等。在小关近旁，曾建有辉煌的皇家寺庙和漂亮的园林。那时候，小关是一个很繁华的地方。明朝以后，城门南移，德胜门有了自己的关厢。各种买卖也跟随南移。健德门外的关厢就衰落下来。几百年后，到新中国成立时，小关街变成了一个不大的村庄。之所以叫小关，是与德胜门外的关厢相比，人们把德胜门的关厢叫大关，虽然这里的村子原来也是关厢，但时过境迁，比不过德胜门，人们就把这里叫小关。

由于安贞门外也有一个小关，人们就把安贞门的小关叫东小关，把健德门外小关叫西小关。

1947年国民政府统计户口，小关街共有二十四户人家，男四十九人，女四十四人，总计九十三人。当时小关街分为两部分，小关前街和小关后街。小关前街是当年的健德门外关厢大街。小关后街在小关前街西侧。

小关前街当时有十九户人家，十个门牌号数。门牌号数是1号到9号，最后一个是52号。

小关后街有五户人家。门牌是20号、24号、25号、47号共4个门牌。

那时小关街的居民由三个民族组成。回族有六户，满族有两户，其余是汉族。"小关王家"是回族。六户回族中五户在马甸羊行打工，一户是小贩。小关街其余十八户，农民有八户，在马甸羊行干活三户，小贩三户，在城里当商业伙计的三户，还有一户是军人。有的人家有几个孩子，这些孩子有的在羊行打工，有的种地。小关街各族邻居都和睦相处。

小关街的大街就是从德胜门经马甸过来的明清古道，同马甸一样，古道早已被走成沟壑，当地人叫"大道沟"。古道一下雨就会积水。被废弃后就成为一条小河。小关民居被小河分成了两部分。河东的民居不多，民居主要在河西。解放初期，小关街有一家小型的供销合作社，村民可以在那里买到油盐酱醋、粮食、蔬菜、布匹等生活用品。

小关街南边的护城河上过去有一座石桥，这是古道上的一座重要的桥梁。这座桥在20世纪30年代就损坏了，不久就被拆掉了。

小关街村南有一座小庙，叫武圣庙，因为在这小庙里曾经办有北极寺小学，所以也有人管这小庙叫北极寺。小关街的人把村南的石桥叫大桥，把小庙叫大桥庙。解放前，大桥庙东侧曾有一家小酒馆，主人叫白玉秀。

小关离马甸很近，马甸在健德门里，小关在健德门外。两个村子隔了一道土城。

解放初期，我偶尔和小伙伴穿过健德门豁口到小关去玩。我印象中，小关的民居房屋比马甸的差多了。马甸因为是一个以羊只贸易为主体的商业化的村庄，居民比较富有，民居都是砖房，房顶挂瓦的居多，有许多房顶挂的还是阴阳瓦。这是一种双层瓦的房。小关的民居砖房不多，大多数是土坯房，还有一些房屋，墙角是用砖砌的，山墙是土坯的。很少有瓦房。那时候，每年夏天常常有大雨，那是一种暴风骤雨，老百姓叫"秃尾巴老李上坟"。传说中秃尾巴老李是一条龙，出生在百姓家，他每年给母亲上坟，携带有暴雨。现在这种暴雨已经很少见了。在大雨中，小关常有土房严重漏雨，或是倒塌。有时在大雨滂沱的傍晚，我在家里吃饭，会听到"轰"的一声沉闷的巨响，大人会说，这是小关街有房子倒塌了。第二天，就会看到马甸小学教室里住了小关街的受灾群众。

这小关街虽然不大，村民也不富裕，但村龄很长，到解放时已经有近七百年的历史了。

后来，北京市对这里进行了危房改造，旧的房屋都拆除了，盖起了楼房，小关街的居民大都原地回迁。原来的小关街虽然不存在了，但小关街的街道却保存了下来，还是原来的地方。只是其面貌早已今非昔比了。

第三节　北极寺小学

在小关村之南，元土城护城河之北有一座小的寺庙。在这寺庙的旁边有一座大石桥，坐落在土城护城河上。当地人管这石桥叫大桥，管这寺庙叫大桥庙。这寺庙坐北朝南，有一个不大的院子，院墙由青砖砌成。寺庙有个门楼。门口向南。寺院里三间北房，为正殿。左右各有两间配殿。在清朝末年和民国初年，在这寺庙里办有义学。解放初期，在寺里建有小学。那时候，寺庙门楼的右侧挂有一个木牌，牌上写着"北极寺小学"。这小学只有初小。

我小时候第一次见到这所小学时，其院墙已经在西北角塌了一段。我记得那次是我一个人，出健德门豁口，踩着河中的石头过了护城河。过河就是寺门。我走到寺门口，因为人小，胆子也小，没敢进门。里边的房间数目及布局是我站在土城上看到的。后来，我也向小关的居民打听过，他们也是那样描述的。

许多人以为这小庙就是北极寺。

然而不是。

在民国四年（1915年）出版的《实测京师四郊地图》中，在北极寺小学的位置有一座寺庙，叫武圣庙。这份地图是当时内务府主持制定的，应该是正规的图。没有理由怀疑这地图的标注是错误的。也就是说，北极寺小学所在的寺庙叫武圣庙。

虽然知道这寺庙叫武圣庙，却找不到有关这个寺庙的其他信息。我们不知道它建于何时，也不知它建立的缘由。在《日下旧闻考》中也不见它的踪迹。可以明确的是，它不是元朝所建。从解放初期见到的样子看，它可能建于清朝前期或中期。

在这份民国初年的《实测京师四郊地图》上，也标有北极寺村的位置，北极寺村是在小关之北约二里地的地方，也是在明清古道的旁边。

那为什么在小关村办的小学叫北极寺小学呢？既然在武圣庙办小学，为什么不叫武圣庙小学呢？我们现在不知道其中的确切原因。也许这武圣庙也曾经叫过北极寺？也许是北极寺村的人到这里来办小学，所以就叫北极寺小学？我问过许多人，没有人能说清楚。

我以为后一种情况可能性大一些。

我在调查这件事时访问了一位住在祁家豁子的张姓老人。是年老人七十三岁。老人向我讲述了一些关于北极寺小学和北极寺庙宇的故事。

老人说，他小时候就在北极寺小学读书。虽然正名叫北极寺小学，但在村里大家都叫大桥庙小学。这座大桥庙是一座关公庙。他的教室就在关公庙的正殿。殿里还有关公的泥塑坐像。学校用"隔断"把神像和学习区隔开。他和小伙伴趁老师不注意时就把隔断的纸捅破，扒着往里看关公像和其他的泥塑像。

老人说，这个小学在他上三年级时就被取消了。

老人说，他的家住在大桥庙小学和北极寺村的中间。北极寺村在大桥庙小学北边不到二里。虽说是北极寺村，其实在解放前后那里只住了一户人家。那家人就住在北极寺的废墟上。北极寺在他小时候就不存在了。寺所在的位置是一个船形的台地，船头在南，船尾在北。他听父辈说，北极寺坐北朝南，寺南有两根旗杆，寺北有一座砖塔。他小时候那塔的废墟还在。传说，北极寺从远处看就像一只大船，南边的旗杆是船帆的桅杆，北边的塔是船舵，有帝王景象。当年乾隆帝从紫禁城往北看，觉得不好，就叫人在船形台地的中部凿了一口井，井水很旺，一直喷出井口。乾隆认为船中漏水，不再有帝王之相，就放下心来。他小时候还见过那口井。后来，那块船形台地成了耕地。再以后，台地被弄平了，盖起了许多房子。

据《日下旧闻考》记载："德胜门土城外有北极寺，北极寺明碑一，正德六年立。铜钟一，天启乙酉造，上铸金刚经文。" 由此我们知道，北极寺是明朝时所建。建立时间不会晚于正德六年（1511年）。但说铜钟是"天启乙酉造"似有错。明朝天启时没有乙酉年。

《日下旧闻考》记载的北极寺应该不是北极寺小学的校址，而应该是在北极寺村。当时的马甸小学是回民学校，不收汉民。马甸附近的汉族学生就到北极寺小学上初小。马甸小学于1954年开始接收汉族学生，北极寺小学不久就被取消了。

这座小寺大约在1958年就被拆掉了。

第四节　奶妈坟

在民国初年，吴佩孚派人在健德门遗址东南约一百米处建了一座小院，院子的大门是一座庙宇式建筑。院子里栽了许多柏树。马甸拆迁后，这座小院作为文物被保存下来。马甸和小关街的老人都说，这是吴佩孚的奶妈墓。

　　这坟院现在位于马甸公园的北侧，京藏公路西边，坟的四周有院墙。院中的主要建筑坐北向南，中间是三间殿宇式房间，两边各有一间耳房。这庙宇式建筑应该是坟陵的享殿。享殿中部是一个石砌的拱门，占用中间的一间房，拱门上镶进一块石匾，匾上写有四个大字："永言孝思。"这是吴佩孚手写的匾额。匾额的左下角有小字，现在看得不大清楚了。村中乡老说，早年能看到那小字是吴佩孚的名字和印章。拱门两边的两间房，门向北开，面向坟茔。这以前曾是看坟人所用。殿式建筑的屋顶覆以绿色琉璃瓦。拱门用白色大理石砌成。拱门前栽有几株粗大的槐树。坟院长约40米，宽约25米。院内除了松柏，多年前还能见到柏树间有坟丘，后来凸起的坟丘不见了，只是在柏树下长着绿草。现在，殿式建筑的南边有几间南房，也是目前看坟人所住。这坟院总是锁着，不让其他人进入。

　　原来的德清路，离这坟院有几十米的距离，后来扩展成高速路，把殿式建筑东侧的耳房拆掉了，公路也就紧挨着坟院。看坟人也是马甸的老居民。

　　吴佩孚（1874—1939年），字子玉，汉族，山东蓬莱人，清朝秀才，后从军，成为民国初年北洋军阀直系的首领。直系曾在北京主政多年。吴佩孚在1927年被北伐军打败，1932年回北平寓居。因反对日本的侵略，拒绝日本拉拢，1939年在北平被日本特务害死。

奶妈坟外观

　　我查看了关于吴佩孚的几个不同版本的传记，各传记都没有关于这坟院以及奶妈的记载。以后我又查了一些其他资料，也没有发现有关的记述。坟院本身，除了匾额上的几个字以外，也没有其他可以确认的证据。

虽然没有见到正式的记载，但村中一直传说的吴佩孚奶妈坟应该有所根据。

村中也有个别老人说，这是吴佩孚夫人的奶妈坟。

奶妈坟中的吴佩孚题匾 "永言孝思"

由于各传记都说他幼年贫穷，父亲开一个小杂货店，收入微薄，又靠母亲纺线帮助家用。他有奶妈，应不可能。从他的题字"永言孝思"看，这里埋的显然是他的一位长辈。他的母亲在清朝末年病故，葬于山东，他的夫人张佩兰，少年丧母。家道颇丰。从传记上看，极有可能是他夫人的奶妈埋在这里。这样，这座坟院也许应该叫做"吴佩孚夫人奶妈墓"。

第五节　元朝时的历史事件

由于健德门在元朝时是一座极其重要的城门，元朝时这里曾经发生了许多历史事件。

据《析津志》记载，每年六月是大都吉日，皇帝要派翰林院一名官员赴上都敬香，敬香人员出健德门，经居庸关北上。敬香回来，朝里百官都要到健德门外恭迎回京。

据《元史·列传九十二·阿合马传》记载：元世祖忽必烈至元十九年（1282年）农历三月十四日，一队打着太子旗号的人马走进健德门，直奔皇宫而去。太子稳坐马上，八十多位甲士和官员簇拥前行。健德门守军不敢阻挡，众人皆躲闪避让。谁知这位太子竟是假太子，这一伙人全是刺客，其目标是要刺杀当朝宰相阿合马。

这伙人为首的叫王著，是一位小军官。与其合谋的是一位僧人，叫高和尚。他们要刺杀的阿合马是皇帝忽必烈十分信任的官员。

当时，皇帝和太子都不在大都，而是在北方草原中部的上都。大都由阿合马守卫。

《元史》记载："时阿合马在位日久，益肆贪横，援引奸党，骤升同列，阴谋交通，专事蒙蔽，民有附郭美田，辄取为己有。内通货贿，外示威刑，廷中相视，无敢论者。有卫士秦长卿者，慨然上书发其奸，竟为阿合马所害。"

阿合马又密设蛊物，暗害君主，而皇帝忽必烈一概不知。

朝中百官对阿合马又恨又怕，都想杀之，但阿合马位高权重，众官无可奈何。益都千户王著，素志疾恶，见人心愤怨，密铸铜锤，自誓要击杀阿合马。当时高和尚也在军队中，以神通秘术见长。二人密谋，使出一计。

他们诈称皇太子回到大都，要于三月十五日作佛事。《元史·阿合马传》说：十九年三月己卯王著杀阿合马，有人认为己卯日是十七日，我以为换算错了。应是十五日。佛教中做佛事一个月中有两个重要的日子，即初一日和十五日。元朝信奉藏传佛教，在藏传佛教中，初一日和十五日仍是最重要的日子，此外，还有三天是佛事日，即初八、十三和三十。共是五个佛事日。太子从上都回北京专为佛事，若是十七日，事未行已先败。十四日天一亮，王著先派两个僧人到中书省，说太子要拜佛，命令中书省购买斋物，中午，王著又派崔总管假传令旨，叫枢密副使张易发兵若干，于十五日子夜到东宫前守卫。王著亲自去见阿合马，说太子将至，命令百官届时到宫前等候。阿合马信以为真，派人出健德门，北行十余里迎接太子。假太子把来人杀掉，南入健德门。到十五日凌晨二鼓，王著等来到东宫前。此时夜色朦胧，看人不清。假太子传叫阿合马近前。阿合马见自己派去迎接的人没有回来，心生疑惑，暗起戒心，准备见机行事。现在听太子传叫，又怕得罪太子，不敢不去。王著见阿合马走近，即从衣袖中抽出铜锤猛击阿合马头部，阿合马立死。留守的官员都惊呆了，不知怎么回事。尚书张九思自宫中大呼："这是假太子！"宫中守卫立即乱箭齐发，王著所带八十余人非死即伤。高和尚逃走，王著不躲，挺身请囚。忽必烈接到报告大怒，命令追查。第二天，在高粱河捉住高和尚，农历三月十八日在闹市诛杀王著和高和尚。王著临刑大声喊道："王著为天下除害，今死矣，异日必有为我书其事者。"

其后不久，因为阿合马已死，众官员纷纷揭发其罪行。忽必烈得知阿合马所犯诸罪，勃然大怒，命令将阿合马刨棺暴尸。既而夸奖王著说："王著杀阿合马，实在杀得对！"

据《日下旧闻考》记载，元朝延祐四年（1317年），仁宗皇帝下诏在大都健德门外建造园林，建成后赐给太保库春。仁宗下令说："此可为朕春秋行幸驻跸地。"《日下旧闻考》形容此园的盛况说："南瞻宫阙云气，北眺居庸峰峦，前包平原，山回水潆，诚畿甸之胜境也。中园为堂，构亭，其前列树，花果松栢榆柳之属，其堂名曰贤乐，孟子所谓贤者而后乐也。亭曰燕喜，诗所谓鲁侯燕喜者也。"

这座园林建在健德门外的什么地方呢？没有记载。解放初期时，我见到的健德门外一带，东北侧有许多大坑，沙滩地，地表凸洼不平，西北侧则是大片的平坦的土地，我觉得，这个园林很可能建在小关街西北不远。

此园最多存在五十年。元朝末年，统治者内部战乱不断，健德门外经常驻扎大部队，若没有毁于战乱，到明朝初年也会被官方拆毁。有记载说，明初官方命令拆毁健德门内外一切官署建筑。

据《元史·脱脱传》记载，"顺帝至正三年（1343年），因皇太子曾保育于脱脱家，一次遇烈风暴雨，山水大至，车马人畜皆漂溺，脱脱抱皇太子单骑登山，乃免。至六岁还，顺帝慰抚之曰：'汝之勤劳，朕不忘也。'脱脱乃以私财造'大寿元忠国寺'于健德门外，为皇太子祝厘（祝福），其费为钞十二万二千锭"。

脱脱后来官至丞相。

脱脱所建的这座大寿元忠国寺早已不存，其地址我以为是在小关街以西不远。

土城护城河北边，在小关街西边约三百米的地方，立有一座白塔，孤零零的一个塔。塔有底座，座高约一米，塔身有四米多高。塔身呈圆形覆钵体，通体白色，样子像白塔寺的白塔，只是小了许多。塔刹的长颈已没有装饰物，光秃秃的。

在白塔的东北半里的地方有一个挺大的坟圈，里面长了许多柏树。有一年冬天，我和几个小伙伴去坟圈玩，从塔边走过，看见塔周围一米左右的地方散落着一些断裂的石块，这些石块有的被半埋在土里，有的躺在枯黄的荒草中。周围都是耕地，耕地上露出稀疏的没有刨出的玉米茬子（把玉米秧割下来后，留在地里的玉米根）。在我的记忆中，那块地在解放初期时大都种玉米。那时候，我们对塔好像没有什么兴趣。所以也没有注意小塔边是否有碑刻之类的石器。

现在回想起来，我觉得这座塔应该就是元朝时丞相脱脱建造的大寿元忠国寺遗物。

这样说有四个原因。第一，迄今所知道的这种样子的白塔都是建在佛教寺庙内。第二，元朝时尊崇藏传佛教，这个时期建造的佛塔称为喇嘛塔，其形状都是几何状覆钵体，通体白色。这座塔符合那个时期的特点。第三，这塔不是明朝所建。明朝尊崇内地佛教，不会新建这种类型的佛塔。第四，这塔由清朝人所建的可能性也很小，首先，在这白塔附近，连明朝时建立的北极寺和清初建立的黑寺在解放初都还存在，而此白塔之寺独毁变为耕地的可能性不大。其次，在《日下旧闻考》及其他书籍中都没有记载清朝时在这里曾建有佛寺。所以我以为这里就是大寿元忠国寺遗址，这塔大约在1958年被拆毁，其位置在现今牡丹园小区东侧南门外。

出于慎重，我又访问了几位年长的人，他们大都记得土城外小河北岸，小关西边的这座小的白塔，都能描述出这座白塔的形状和样子。

元朝顺帝至正二十三年（1363年），御史大夫老的沙与知枢密院事秃坚帖木儿，得罪于皇太子，皆奔大同，大同总兵孛罗帖木儿将二人藏在营中。

1364年夏天，皇太子举兵征讨孛罗帖木儿和秃坚帖木儿。两军对阵，皇太子兵败逃走，秃坚帖木儿命令军队向大都进攻，入居庸关，列阵清河。时都城无备，城中大震，朝廷派人讲和。

秃坚帖木儿带兵至健德门，陈兵城外，自己由健德门入城，觐顺帝于延春阁，恸哭请罪，顺帝设宴款待，加封孛罗帖木儿为太保，依前守御大同，秃坚帖木儿为中书平章政事。第二天，秃坚帖木儿从健德门退军。

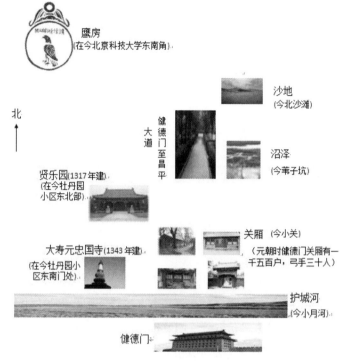

鹰房
(在今北京科技大学东南角)

北

沙地
(今北沙滩)

健德门至昌平大道

沼泽
(今苇子坑)

贤乐园(1317年建)
(在今牡丹园小区东北部)

大寿元忠国寺(1343年建)
(在今牡丹园小区东南门处)

关厢　(今小关)
(元朝时健德门关厢有一千五百户，弓手三十人)

护城河
(今小月河)

健德门

元朝时健德门外主要建筑和地形示意图

皇太子见兵退，回到京城，仍准备征讨孛罗帖木儿。

1364年秋天，孛罗帖木儿先发制人，前锋军入居庸关，皇太子亲率军与之战于清河。皇太子又败，跑回京城，然后出顺承门（今宣武门）逃往河北。第二天，孛罗帖木儿驻兵健德门外，与秃坚帖木儿、老的沙进健德门入见顺帝于宣文阁，诉其非罪，皆泣，帝亦泣，乃赐宴、封官。此后，孛罗帖木儿、秃坚帖木儿和老的沙控制朝政。1365年，顺帝派人刺杀了孛罗帖木儿，不久又杀了秃坚帖木儿，并抚慰健德门外叛乱的军队归顺朝廷，内乱平息。

而此时离元朝亡国已经不远了。

据《元史》卷四十七记载，1368年七月二十七日，明朝大将徐达进据通州（今北京通县）。元顺帝知道明军逼近，不顾群臣固守京城的意见，决计弃城。"丙寅（二十八日）帝御清宁殿，集三宫后妃、皇太子、皇太子妃同议避兵北行，至夜半开健德门出奔。八月庚午（初二），大明兵入京城。国亡。"

第六节　明朝时的故事

明朝洪武四年（1371年），健德门被废并被明朝官方拆除，健德门成为遗址。

虽然成为遗址，没有城门了，但因其地理位置的重要，在这里注定还要发生许多事件。

明朝中叶发生了土木之变，明朝几乎被颠覆。这次事变，与健德门遗址附近有多重关联。

明正统十四年（1449年）二月，蒙古族瓦剌部落首领也先派遣两千余人贡马，向明朝政府邀请赏钱。本来贡马，有几十人足够，派两千人有要挟之意。宦官王振不肯多给赏赐，并减去马价五分之四。也先大怒，遂于这年七月，统率各部，向明朝内地进攻。明朝皇帝英宗朱祁镇和王振率二十余万大军从北京出发迎敌。不料在河北土木堡被瓦剌军队打败，二十余万军队被消灭，英宗也做了俘虏。这就是历史上的"土木之变"。

明朝时期，蒙古各部向朝廷进贡马匹，都先要到健德门内马甸养几天，以恢复马的体力，然后由朝廷挑选，多余的就在马甸卖掉。当时，健德门内土城南的东西两侧都有明朝的军营。健德门西南一里多是五军营，以祭旗庙为中心。其东南一里多是团营，以关公庙为中心。进贡的马匹经朝廷挑选后，就拨给军营使用。

由此看来，"土木之变"的发端应该是在健德门内的马甸。据史学研究，英宗在"土木之变"中带领的二十万军队，就是健德门内五军营的部队。

瓦剌首领也先挟英宗于1449年十月率大军乘胜进犯北京。于十月十一日抵北京城下，把英宗放置在健德门外的小关街的空房内。

明朝兵部尚书于谦领兵二十二万，列阵于九门外，亲自披甲执锐，以阻敌人前锋。十三日，于谦派骑兵引诱也先，也先率数万众至德胜门时，明朝伏兵冲出，神机营火器齐发，将也先兵马击溃。也先又转攻西直门，城上守军发箭炮反击，也先又败。

连败之下，也先想以手中的英宗要挟明朝，要明朝派官员觐见英宗。据《日下旧闻考》记载："正统十四年十月（1449年），额森（也先的另一种译法）奉上皇车驾登土城，以通政司左参议王复为右通政中书舍人，赵荣为太常寺少卿，出见上皇于土城关（指健德门）即此地也。"这段描述虽是史实，却像是戏剧中的情节：一位被俘的皇帝被人押着登上健德门废墟旁的土城，土城上寒风萧瑟，满目枯草。英宗见到了曾经的臣子，悲戚哽咽，不能自禁。也许，这一切是也先有意设计的，想借此削弱明军的抵抗。

但于谦并没有中计。

瓦剌军不甘失败，将英宗转移走，又在彰义门（今广安门）组织进攻。明军佯装失利，引诱瓦剌军追到北土城，即健德门以西一带，瓦剌军被潜伏在民居内的明军火枪手阻击，民居内的百姓也掷石块参战，瓦剌军死伤无数，加上天寒地冻，到十一月八日，瓦剌军退出塞外，京师解除危险。

之后，瓦剌愿意恢复进贡关系，于1450年将英宗送回。

这次事件后，五军营受到重创，于谦加强了健德门东侧团营的建制，英宗复辟后，撤销了团营，又恢复健德门西侧五军营的建制。

健德门的位置对于北京来说是一个军事要道。明朝以后的几百年间，这里一直驻有重兵。

清朝时，皇帝把自己直接指挥的正黄旗军队部署在健德门内。

民国和北洋时期，以及国民党时期，健德门内都驻扎有大部队。

解放初期，健德门内马甸驻有解放军部队。

健德门经历了近百年的繁华，又遭遇了沧桑巨变。由于土城的存在，它才保留了遗址，也留下了地名。健德门的存废兴亡，直接决定了附近两个村庄的境遇和前途。小关街因为健德门的拆除而衰落，马甸因为健德门的废弃才发展了马匹和羊只的贸易，从而成为富有的村庄。健德门的兴衰改变了诸多人的命运！

第十一章　祭旗庙村

祭旗庙村位于马甸西边，距马甸有一里多地。其北边不远是土城，西接皇亭子村，南临太平庄饮马槽村。其位置在今总参测绘局东南部，从北三环路顺着花园路往北走二百多米，就是祭旗庙的位置。

解放初期，祭旗庙村被总参测绘局占用后，其村民大都搬到了马甸及西村。

祭旗庙村是一个古老的村庄，它至迟在清朝初期就存在了。明朝（1368—1644年）时，祭旗庙村及其附近是朝廷五军营驻地，有军队二十几万人。到明正德三年（1508年）五军营提督谷大用和魏彬在营地建祭旗庙，用来祭祀军旗。祭旗庙因是红色，民间又叫西红庙。在祭旗庙东边偏北的地方有一座关帝庙。当时人们称之为东红庙。两庙相距约二里。东红庙是明朝军队"团营"祭祀神灵的地方。东红庙在马甸东一里多地。

明朝灭亡后，清朝在五军营东南一里多地建"太平营"用来驻扎正黄旗军队。在祭旗庙南建太平庄，用来安置军队家属和附属人员。五军营遂被废弃。于是以祭旗庙为中心，在庙的周围建起了一些民宅，后来形成村落，就叫祭旗庙村。

祭旗庙村在元朝时不存在，其地方属于元大都的乾宁坊和清远坊，明朝时是军营。从清朝至现在，其在行政上的隶属沿革与马甸村相同，这里不再赘述。

第一节　祭旗庙村的一般情况

祭旗庙村的民宅主要集中在古祭旗庙西侧。村里没有很成形的街道。在村子中部偏北有一条东西向的大道，是从马甸、西村等地过来，向西到西土城的单家豁口。单家豁口在今蓟门立交桥之北，从蓟门立交桥向北顺着土城走200多米就是当年的单家豁口。出单家豁口，再往西南可以到觉生寺等地。从祭旗庙顺着小路往西北走，不远就是皇亭子村。

祭旗庙村中的这条大道当时是这一带东西向的主要道路。这条道路也是解放前郊七区第二派出所和第三派出所辖区的分界线。道路以南归第二派出所管，道路以北至土城以南归第三派出所管，土城外归第七派出所管。第三派出所驻地在马甸东后街。

祭旗庙村的民房大都坐北朝南，有的有院子，有的没有，有的临时用玉米秸夹起个院子。富有的人家是四合院建筑，砖瓦房。中等的房子是半砖半土坯的，再次的则是全土坯的。有钱人家的院墙不全是砖的，墙的下部是一米多高的用虎皮石砌成的墙，上部才是砖砌的，但也不全是砖，墙的外部是整砖，里边用碎砖填券。这种虎皮石出自北京西山，比如，颐和园的瓮山、颐和园北边的红山以及香山一带有大量的这种石头出产。有的整座山都是这种石头，由于其表面颜色像虎皮而被人称为虎皮石。这种石头坚硬但不易成型，所以价格便宜，是很好的砌墙的材料。在本地区，土地碱性大，用砖砌墙，十几年后，墙下部的砖就会被地面的硝碱腐化，而虎皮石耐腐蚀，不怕硝碱。这种虎皮石在地质学上叫作红庙岭砂岩，广泛分布在北京西部的山区里。

在祭旗庙村中许多院子或房屋相互间都有一点距离，这就自然形成了村中间的道路。虽然不很成形，但也就算是街道吧。自然，这种街道南北向，东西向互相交错，互相联通，有宽有窄。

祭旗庙村的民宅并不像马甸那样聚集，而是以古祭旗庙为中心向四边辐射，稀稀落落。村子外围的民宅大都中间互相隔着不少耕地。因此，村子的面积比马甸村大好几倍，但全村居民却比马甸少很多。

1947年国民政府统计户口时，祭旗庙村当时有门牌号49个，住户83户，男221人，女164人，共计385人。

当时的户口统计，祭旗庙村由郊七区的两个派出所完成。村中大道以北由第三派出所统计，大道以南由第二派出所完成。

祭旗庙村是一个不断发展的村庄，其老住户多在村北，到清朝末期和民国初期时陆续搬来新的住户，村子由北向南发展。因此，它的门牌号数是先从大道以北算起。大道以北人家不多，共有十个门牌号数（1—10号），16户人家，门牌是从东往西依次排列增长。大道以南靠近大道的住户也是老住户，门牌号数也靠前。因此大道以南的门牌号数是从东往西，从北往南依次增长的。大道南门牌号数由11号到49号，有67户人家。

在祭旗庙村83户人家中，农民有54户，小贩占17户，其他为车夫、木匠、瓦匠、厨子、棺材匠、剃头匠、茶役、警员等，但数量不多，有的只有一户，有的是两户。村里仅有一户是回族，在马甸羊行干活。还有两户是满族，其余全是汉族。

祭旗庙村大道以北的住户都是老住户，现在把这几个住户的门牌号、姓名及职业列在这里。

大道以北最东边是2号（在1947年的户口登记中，1号没登记），住着赵德秀一家，以给人拉车为生。往西挨着的是3号，住着丁林一家，农民。再往西4号，住有两家：一家叫张万林，农民；另一家叫刘玉山，厨师。5号叫赵珍，农民。6号叫王玉，农民。7号住有两家：一家是张海，厨师；另一家是张禄，农民。8号住了五家：王玉衡，农民；王世春，农民；丁广元，农民；周福庭，工人；黄玉德，工人。8号北边是甲9号，住有两家：王兴明，农民；区城壁，小生理（小买卖，杂活）。10号，马永福，汉族，农民。

祭旗庙村大道以南有许多住户，靠北还比较集中，再往南、往西住户就比较分散，这里就不一一提及了。其中30号住有王德顺一家，王德顺是个剃头匠，村里老人剃头大都去找王德顺。甲38号住有苏保玉一家，在村里开了一个油盐杂货店。49号住着马桢一家，这是村里唯一的回族住户，马桢在马甸羊行工作。

第二节　祭旗庙

祭旗庙村因庙而得名。

《日下旧闻考》卷一百七记载说："西红庙在德胜门外正黄旗教场北。此庙即明代五军营祀旗纛神之处，今名西红庙。碑一，明吏部尚书谨身殿大学士南阳焦芳记，中大夫光禄寺卿莱阳周文通书，正德三年立。其东北里许有团营关帝庙，则团营祀神之处，今称东红庙焉。"

这一记载指明了明朝两大军营所在地及各军营祭祀军旗和祭祀神灵的庙宇。

从一些记载上知道，祭旗庙建成于明朝正德三年（1508年），坐北朝南。庙内有前后两座大殿，前殿用于祭祀天元上帝，后殿用于祭祀军旗之神。祭旗庙的建筑门窗全用红色，院墙内外也都涂以红色。庙内多栽松柏。在庙的后殿前旁立有一通石碑，是该庙建成时所立，记载了该庙建立缘由。

明朝灭亡后，此庙就不再使用。到清朝前期及中期，祭旗庙还比较完整。这可能由于清廷开始还对祭旗庙加以保护。因为据《日下旧闻考》记载说，清廷崇尚武德，还曾经对明朝团营的祀神地东红庙进行过重修。

在解放时祭旗庙已经是一片废墟，但是遗址还在。祭旗庙存在了多长时间呢?

我在2014年访问了原住在祭旗庙的几位老人。有一位李先生，他家是祭旗庙一带老住户，在那里住了有几辈子。李先生是年八十岁，他告诉我，他小时候祭旗庙就不存在了。李先生还告诉我，他也没有听他的长辈说起过祭旗庙的样子。还有一位李女士，是年九十岁，她是十几岁到的祭旗庙村，她说，刚到祭旗庙村的时候，有人指着村东边的一块高地告诉她说，那就是祭旗庙。李女士她当时看到那祭旗庙高地有一些树，也有许多断墙和碎砖乱瓦。还有一位彭先生，是年八十二岁，他说没有见过祭旗庙的样子。

由此可以推断，祭旗庙至迟在民国初年就已经倒塌荒废了。这庙存在了大约有三百年的时间。

祭旗庙虽然不在了，但是，祭旗庙所立石碑的碑文却保存下来。我们把这碑文抄在下面，以便对祭旗庙有更多的了解。焦芳五军营新建旗纛（dú，军中大旗）庙碑记：

> 皇上临御，既视太学，躬释奠，讲经问道，修文德以风示天下矣。乃以京师武备所系尤重，而诘尔之戒，无虞之警，亦不可缓。于是于翊卫诸军营提督近臣咸择人易之，以共新政，而五军营提督则简今谷公大用及魏公彬任焉。既受命，摅智殚力，明号令，肃戎武，恤士布政，旌旄军容，咸度而饬。至于首事旗纛，其祀尤严。盖旗者，牙旗也，黄帝出军，诀曰：牙旗者将军之精，凡始竖牙，必祭以刚日。纛者，旗头也。太白阴经曰：大将军中营建之，天子六军，所用六纛。今奉天子命莅戎事，首严祀之，礼也。然秦汉宋以来，旗纛虽有祀，而特为建庙春秋遣官专祀之，此我圣祖体萃合天下之道以总摄兵戎之心。盖萃之至也。自永乐中迁都于此，遂即营中扫地为坛祀之。谷公既严其事，而谓此不足以致洁洁而萃神止，于是谋诸魏公，卜日为庙。出所蓄金若干，以易材木甃石。上闻而嘉之，再加赐千金，命内官监给物料。重门涂朱，

枕宇金壁，光耀夺目，而兵戎之志亦萃于有庙矣。又以古法，兴师旗章载四宿，北方者元武也，盖取天一生水之义，故以前殿祀天元上帝，而祀军牙六纛之神于后殿焉。庙成请予为记。

第三节　民国时期的祭旗庙村

祭旗庙和皇亭子地区在元朝属于大都城内，地势平坦。西有西土城，北有北土城，西北土城可视为小山，这小山在风水书上称为"靠"，因为有靠，被人视为风水宝地。明朝五军营荒废后，清朝的达官贵人纷纷到这里构建坟茔。据祭旗庙的老住户介绍，原来祭旗庙周围的坟地一个接着一个。这些坟地占用了这里大量的土地。但是也有好处，清朝灭亡后，这些坟地成了极好的耕地。我们在这里介绍几个主要的坟地。

1.黄带子坟

在祭旗庙村南边偏西有黄带子坟。据祭旗庙老人说，这坟的南侧已经接近现在的三环路。这坟长和宽都有约150米，外有围墙，围墙全由虎皮石砌成。坟的北部用人工堆起一个东西向的土山，土山有7米多高，东西长近150米。山为月牙形，缺口向南。山南是墓地，墓前有享殿。村里人都知道，这是满族人的墓地，是大官的墓地，至于什么样的大官，就不知道了。根据传统，黄带子是清代宗室的别称，清代规定亲王以下宗室都可束黄色腰带。就是说，这个墓地的主人是清朝皇室的一支。具体是哪一支，我们现在也没有找到相关的记载。据说，在黄带子坟里有清代黄带子坟头30余个。

黄带子坟东南有正黄旗墓地，埋有正黄旗军人及其家属。墓地旁有八旗义地。所谓义地，即埋葬八旗穷人的地方，因面积有限，上下要埋好几层。据村里老人说，在祭旗庙之北也有八旗义地。我后来听总参测绘局的老职工说，当年在盖房挖地基时，清理出许多墓葬和人骨，多得有点吓人。

黄带子坟在民国初期就荒废了，围墙和享殿已经部分倒塌。抗日战争时期，日本人把黄带子坟的松柏及其他树木全部伐光，把坟内的所有石头和残存建筑的木料砖瓦都拉走修了工事。几年以后，黄带子坟只留下一座土山。

祭旗庙村及其附近的人都称这土山为"大山子"。

有老人回忆说，解放战争时，国民党军队曾在大山子上构建工事，以防解放军攻城。当时解放军围城部队就驻在土城外。

这大山子土堆到解放时还在。

2. "老公"坟

"老公"即人们所说的"太监"，其尊称为"公公"。在解放以前的很长一段时间里，这一带的老百姓又称太监为"老公"。祭旗庙的"老公"坟埋的是清朝宫廷后期的一位太监，姓王，名字不知。在世时好像还有些地位。"老公"坟在祭旗庙村西，和黄亭子村相邻。

这位王太监死后没有后人，由他的远房外甥来看坟。他的远房外甥也姓王，因为在家行四，人称王四。王四老家在北京大兴县采玉镇，他祖上有一位爷爷做过清廷太医院太医。到王四这一辈家里变穷。因为家里贫穷，就来到京北给他的远房舅舅看坟。这坟地有一百亩地大。在坟地的北边有几间房，王四就住在那里。这几间房虽然属于祭旗庙村却离皇亭子村不远。开始，坟地里并不许种庄稼，只能在自己住地附近种点粮食和蔬菜。王四很能干，把墓地管得很好，自己种的粮食和蔬菜除了自己生活用度外还能有不少节余。王四为人仗义有侠气，爱帮人排忧解难。谁有家庭纠纷，常找他去调解，谁有困难，他常出手相助。因此他在这一带乃至德胜门关外都很有名气，人称"大地王四"。有一次，附近一个村子有人受了冤枉，因为没有钱被人关进了监狱。其家人来找王四，王四拿出自己的钱把被冤枉的人赎了出来，由此更加受人敬重。

在皇亭子村有一家老住户姓李，李先生会武术，在清朝曾做过北京九门提督的侍卫。他见王四仗义，就和王四结交，两人后来成了极好的朋友。

民国以后，与清廷有关的事务都衰落下来，在祭旗庙与皇亭子之间有许多与清廷有关的墓地都逐渐可以买卖。1920年前后，王太监有一个远房侄子叫王小山来与王四争这块墓地。这王太监除了在祭旗庙附近有一百亩地外，在通县也有一百亩地，王小山想全部占为己有。李侍卫见多识广，他对王四说，侄子和外甥都有继承权，而且你在这里以亲戚身份看坟看了几十年，王小山从未露面，可以去打官司。

在官司审判中，李侍卫和皇亭子村的人都帮助王四说话。最后官府判二人继承遗产各一半，王小山因为是侄子，有优先挑选权。王小山选了通县的一百亩地，祭旗庙的这块地就归王四所有。

王四打赢官司后，分出四十亩地给李侍卫，李侍卫不收。为了报答皇亭子村乡亲的帮助，王四就在靠近皇亭子村的地方种了两亩菜地，种了黄瓜、茄子、韭菜、萝卜、白菜、西红柿等农村常用蔬菜。这菜地种出的菜不卖，只给皇亭子村的村民食用。皇亭子村的人吃菜就自己到菜地免费去取，王四只是管种菜。这种情况一直持续到解放后祭旗庙村被国家占用。

王四后来卖了一部分田地，用所得银两盖了一所四合院。

3.怪兽坟

在祭旗庙东北不远有一座坟，石头砌的坟围，坟冢由青砖覆盖。原来有坟圈院墙，墓门房顶四个坡脊上各装有一只绿色琉璃怪兽，龙头鸟尾，村民不知道是什么动物。院内墓前有一通石碑，碑下有赑屃（bì xì），即民间所说的"王八驮石碑"，也有的说是"乌龟驮石碑"。到民国后，坟圈院墙、墓门全都倒塌损坏了，人们把能用的材料都拿走了，只留下绿色琉璃怪兽的头丢在坟旁没人要。村里有人叫这坟为"怪兽坟"。

在这坟的不远住有一家人姓孟。有一天村里来了一个生人，向村里人打听怪兽坟旁边那家人的名姓，然后，那人走到孟家对老孟说："这里驮石碑的那个乌龟肚子里有财宝，用你家大秤的秤钩能勾开乌龟的嘴，才能取出里边的宝贝。时间是下个月初七子时三刻。取出宝贝后咱们一人一半。这件事你不能对别人说，你也不能提前去勾乌龟的嘴，不然，财宝就走了。"老孟听了开始半信半疑，后来就全信了。他答应了生人。生人走后，老孟想："我的秤钩能打开乌龟的嘴，我为什么还要和别人分财宝？"到初七半夜，月亮早已下山了。天正黑。老孟趁着那生人还没来，他自己悄悄地拿着大秤去勾那石头乌龟的嘴，乌龟的嘴半张着，嘴里有牙齿，他就用铁钩勾那牙齿，他使劲地反复地勾，结果把石头乌龟的牙齿勾碎了一块，乌龟的嘴也没有打开。这时候那与他合作取宝的人摸黑来了，他看到乌龟的牙齿已经被勾碎，大失所望，他对老孟说："你不到子时三刻就去勾乌龟的嘴，钩不开！这会儿你把乌龟嘴勾坏了，那些财宝早都走了。"

事后老孟非常后悔。他向村里人讲述了这个故事，叹息自己没有发财的命。

祭旗庙村有一位小贩姓夏，他卖货经常走村串寨，或城或乡，有些见识。他告诉老孟说，他见过那个人，那人是个盗墓贼，他没准是要盗挖你孟家旁边的那座坟墓。

这位老孟的后人解放后不久搬到了马甸，和我家曾在一个大院子里做过邻居。

这座坟墓的主人是谁村里没有人关心。坟前的石碑一定能说明墓葬的主人，但当时村里人也没有人在意。现在那石碑早已不在。

据震钧《天咫偶闻》载："黑寺之西，完颜和存斋先生墓在焉。先生以学士值南斋，受知世宗（雍正皇帝）。赐墓用鸱吻，土人呼兽头坟。"

鸱（chī）吻是传说中的一种龙，能喷水灭火。后来人们把它作为一种装饰物装在房脊上或者墙脊上，有防止火灾的意思。鸱吻在高级别的坟墓上也有应用。在清朝，鸱吻只允许在皇家的宫殿和皇家园林的建筑上使用。如果没有皇帝的恩准，一般人不许在坟墓上使用。鸱吻有多种样式，大都是龙头鱼尾，也有龙头鸟尾的（又称为龙头凤尾）。

龙头鱼尾的鸱吻（高1米，宽90厘米）　　龙头鸟尾的鸱吻（摄于颐和园）

《天咫偶闻》所说的黑寺之西应该就在祭旗庙一带，而孟家旁边坟地的龙头凤尾的怪兽应该就是《天咫偶闻》所说的鸱吻。也就是说，祭旗庙东北的这座坟很可能就是完颜和存斋的坟墓。

完颜和存斋是清康熙年间著名的满文翻译家和素。和素（1652—1718年），姓完颜，名和素，字存斋，满洲人，隶属内务府镶黄旗。官至内阁侍读学士。是康熙皇帝大部分皇子的满、汉文师傅，因而受到雍正皇帝的赏识。

《天咫偶闻》说："先生善琴，曾取明杨抡《太古遗音》译以国书，著《琴谱合璧》十八卷，为操缦家特创之制。其配科德氏，亦工诗能琴。每焚香对弹，间作小诗，极倡随之乐。墓碑乃方望溪（方苞，1668—1749年）先生文，励衣园（励宗万，1705—1759年）书。"

也就是说，那个盗墓人想勾开乌龟嘴的石碑可能就是方望溪作文的那座石碑。

民国以后，与清廷有关的贵族坟墓都衰落下来。许多坟墓失去了主人。而且，在清朝时，墓主人是不允许在坟茔里种庄稼的。现在不同了，祭旗庙村出现了大量可以种庄稼的土地。由此，许多城里的贫民都来到祭旗庙村住下来，有的当了农民，有的做起小买卖。甚至有不少外省的人也来到祭旗庙，他们开始没有地方住，就在祭旗庙废墟的断墙边搭一个小窝棚住下来。后来这些人大部分都成了祭旗庙的村民。

祭旗庙村与马甸相比就更农村化一些，它的绝大部分居民都是农民，种粮食、棉花和蔬菜，除了自用外还能卖出一部分。其经济基本是自给自足。冬闲时妇女们用小纺车纺棉花，纺出的棉线卖出或是与来到村里的布贩换布。布是粗布，是使用农民纺出的棉纱织成的，经纬很粗，但很结实。家庭成员穿的衣服和鞋都是自己做。只是盐要从村外进货。做家具村里有木匠，盖房村里有瓦匠，甚至做棺材都不用出村。

虽然是农村，但有近郭农村的特点。与典型的农村相比，它的小商贩多一些，村里还住有城里的杂役及工人等。

1947年统计户口，村里登记的差不多都是"佛"教，但实际上，与中国大部分农村一样，是儒、佛、道并存，三教九流都有。村民大都信怪力鬼神，狐仙蛇怪。但在过年时，有不少人会给观音菩萨上炷香，请求保佑。那时候，村里流传的狐仙蛇怪，见鬼遇神的故事特别多，大都是说亲眼所见。直到我小时候人们还在互相讲述这样的故事。这种故事的传播媒介主要是妇女，男人们迫于生活压力整天在田里劳作，无暇顾及。

虽然如此，但舆论的主流还是劝人向善。村里有一位老太太，孤独一人，大家都说她常做善事，走路连蚂蚁都不踩。人们说她有一百多岁了，还很硬朗。有人问她多大年纪了，她总说是九十九岁，过了几年，她还说是九十九岁。老太太没有病，后来她在院子里摔了一个跟头就去世了。人们都说她修行好，善人有好报。

祭旗庙村没有马甸那样富有，房屋建筑也比马甸的差。在解放前村里没有小学校，倒是有私塾，孩子识字大都是到私塾去。私塾也不稳固，可能水平也差，村里较有钱的孩子常去西村的私塾念书。

第四节　祭旗庙村北的三个土城豁口及黄亭子村

1. 牦牛桥豁口

在祭旗庙北偏东的土城上有一个豁口，叫牦牛桥豁口。过去，豁口外的护城河上坐落着牦牛桥。牦牛桥豁口的位置离现在牡丹园十字路口不远。从牡丹园十字路口小月河上的公路桥上顺着小月河往西走约100米，可以看到一座红色的桥，从红桥再往前走约30米，就是牦牛桥所在地。从这里往南看，在土城根建有一座仿古四合院，院门口用英文写着："restaurant"，院门横匾上写着："听蝉轩"三个大字。这是一家餐馆。餐馆东边就是牦牛桥豁口。这豁口在2003年建元大都土城公园时被填上了，但是新土城与旧土城还是有区别，人们可以明显地看出来。

1947年国民政府统计户口，当时牦牛桥豁口有门牌14个，16户人家。男45人，女28人，计73人。有回族1户，农民只有4户，在马甸羊行干活有5户，其他为小贩、佣工、瓦匠等。这些住户中除了有一户是回族外其余都是汉族。所有这些住户都在土城之内，统计户口时是由北平第七区第三派出所入户登记的。

在豁口西边，大路边上有五间砖房，坐西向东，面向大道。这五间房是本地一个有钱人盖的，解放前在这里开有一间茶馆和一个小餐馆。以前这里是由德胜门过来的大道，许多人走过这里都要歇一歇，喝点水或是吃点东西。茶馆的生意是很兴旺。在豁口的南侧偏东有一座小庙。这是一座龙王庙，有两间房子大，也没有院墙。每当大旱时，农民们就"偷偷地"把龙王像抬出来求雨，人们抬着龙王像绕着田地走，直到下了雨才把龙王像再送回小庙里。这庙有人看管，庙虽小却有几亩地产。看庙人姓程，靠这几亩地过活。抬出龙王要"偷偷地"，据说只是需要做个样子，至于为什么那样却没有人说清楚。

合作化以后，这里的农民都加入了马甸生产合作社。那几间砖房后来成了马甸合作社的豆腐坊。我记得好像是1956年，我父亲在豆腐房做豆腐，晚上豆腐房要有人看门过夜，父亲就时常叫我去。那时候，五间房还显得很新，房的旁边沿着道路长着十几棵白杨树，很粗很高大。晚风一吹，树叶哗哗地响。那时屋里还是土炕，用煤油灯。炕上有一本平装的《毛泽东选集》，不知道是谁放在那里的，我晚上没事就打开看。那时候我上小学二年级，有许多字不认识，也不大看得懂。我后来好奇的是，那时候的农民也在看这种政论的书。

2. 严家豁子

祭旗庙正北土城上有一个豁口，这就是严家豁子。严家豁子西边还有一个小豁子，在1947年出版的北京郊区地图上，这两个豁口统称为严家豁子。在1947年登记户口时，两个豁子的住户是放在一起统计的。两个豁子相距有200米。豁口南北各有一些住户。就是说，严家豁口的住户有的在土城里，有的在土城外。统计户口时，是由不同的派出所登记的。土城里是由郊七区第三派出所登记，土城外由郊七区第七派出所登记。1947年，严家豁子在土城外有门牌号九个（1—9号），有11户人家。土城里有八个门牌号（10—17号），有16户人家。两个豁子共有27户人家。其中农民13户，其他为小贩、剃头匠、绱鞋匠、佣工等。据这里的老人说，严家豁子过去有一家姓李的人做小吃卖，人称"甜饽饽李"。传说这"甜饽饽李"因为小吃做得好，曾经被宫廷请去给皇帝做过点心。

严家豁子在今花园路与土城交界处西边约100米的地方。现在那里土城的豁口还在，只是栽上了许多树木。

3. 老爷庙豁口

在祭旗庙北边偏西，在靠近皇亭子的地方有老爷庙豁口。以前在这豁口附近有一座老爷庙，这个豁口就被叫作老爷庙豁口。老爷庙即关公庙。据村民说老爷庙在土城北边豁口东侧，在护城河之南。这座庙不大，很早就没有了，只在庙的遗址上留有几株粗大的松柏树。有一些七八十岁的当地村民都说没有见过这座庙。

　　该豁口靠近西土城，现在依然是个豁口。在2003年修建元大都土城公园时豁口被填上了一部分土，但没有填高，所以还是能看出豁口的样子。这个豁口现在几乎正对着皇亭子社区的大门，如果从皇亭子社区大门往北看，对着大门有一个豁口，就是老爷庙豁子。

　　老爷庙豁子在1947年有37户人家，其中土城内3个门牌，2-4号，3户人家，分别是2号查永禄、3号刘玉寿、4号李福庭，由第三派出所调查。土城外有24个门牌，32户。老爷庙豁子总计有35户，男110人，女93人。

　　老爷庙豁子住户那时归皇亭子村，只是在户口统计时分开门牌号数。

老爷庙豁口（对面的红楼就是皇亭子社区）

4. 皇亭子村

　　祭旗庙村西北不远有皇亭子村。皇亭子村正对着西土城的"蓟门烟树"豁口，豁口外也有几户人家属于皇亭子村。1947年登记户口时，土城内由第三派出所统计，有5个门牌号（1—5号）13户人家，男32人，女23人，土城外由第七派出所统计，也是5个门牌号（7—12号），27户人家。男25人，女21人。共有40户人家，计101人，其中农民31户，其余为小贩、木匠、佣工、脚行、棚工等。

　　解放后，土城外的住户不再归皇亭子管辖。老爷庙豁子的住户只有土城内的三个住户留在了皇亭子村。

　　这时，黄亭子村有三片住宅区。三个宅区呈三角形分布，相互间约有100米的距离。最北边的一片有三户人家，沿北土城根一字排开，门前有土路相连。往南约

50米是第二片住宅，有十几户人家，这一片住宅是解放前皇亭子村的主体。在这片宅区中部，有一条弯曲的南北向小路，算是街道。在小路西侧的房屋比较密集，东侧则散落着几户人家。从这里往东偏南约40米是第三片人家。这一片没有几户。黄亭子村的住户差不多都是农民。

黄亭子村主要有四个姓，靠北土城的住户有一户姓李，称为"土城根李家"。李家有一位老人，在清朝末期是北京九门提督的侍卫，有很好的武功。在第二片宅区中，绝大多数姓刘，他们都是兄弟或堂兄弟。村南有一户姓于，曾经养许多鸭子，人称"鸭子于家"。第三个宅区的人家姓张，被村里人称为"庙儿张家"。其祖上是一座私人家庙的管理者，后来庙的主人家衰落了，庙也损坏了，张家就在原址建房居住并繁衍下来。

"蓟门烟树"碑

皇亭子村旁边的西土城上立有一座"蓟门烟树"碑。碑上原来建有一座很大的亭子，亭子四角包砖，外壁涂朱，亭顶覆以黄色琉璃瓦，这碑和亭是乾隆皇帝命令修建的。据传说，乾隆皇帝曾到这亭子里观看"蓟门烟树"景色，并写了两首描写"蓟门烟树"的诗。由此这亭子被叫作"皇亭子"，皇亭子村由此得名。"文化大革命"中有人说这是四旧，于是就改名叫"黄亭子村"。这"蓟门烟树"是明清燕京八景之一。

　　1979年，国家征用了黄亭子村的大部分田地。靠近北三环路的田地被国家专利局占用，专利局北边建的是北京电影学院。1981年前后，黄亭子村的田地都被征用了。村里的农民被分到北京海淀区的各个单位，成为城市户口的居民。黄亭子村的民宅也都拆了。在原村址建了电影学院的家属宿舍和黄亭子村居民的回迁楼。黄亭子村原有的居民差不多都原地回迁。现在这里叫作黄亭子社区，隶属于海淀区花园路街道办事处。

黄亭子社区大门

第五节　祭旗庙村的消失

　　解放后，国家开始在北京北郊进行大规模的建设。1950年5月，中国人民革命军事委员会作战部测绘局（后改为中国人民解放军总参谋部测绘局）成立伊始，经政务院（国务院前身）批准，在祭旗庙和皇亭子一带建测绘城。其东部是总参测绘局，西部是总参测绘学院。为了加快建设速度，经政务院批准，在北京北城墙西侧，扒开了新街口通往北太平庄的豁口（原先得从德胜门绕行），并从新街口修了一条公路直通北太平庄。公路从北太平庄向西转，经过总参测绘局大门和测绘学院大门到西土城。同时，国家又从西直门火车站修了一条直通测绘局工地的铁路专线。1952年，大院东部的各个建筑都已基本建成。

这个测绘城占用了祭旗庙村的全部土地及黄亭子村的部分土地。祭旗庙的村民差不多搬走了，也有很少一部分作为测绘城的工人而留下来，但所有的民房都拆了。留下来的人后来住进了职工宿舍，其他的人有许多搬到了西村和马甸，也有人搬到了比较远的地方。

祭旗庙村民的搬迁从1950年下半年就开始了。据搬迁的老人说，当时已经搞过了土地改革，每个村民都有了土地，但个人的土地国家并不付给钱，因为说那土地是国家的。土地上如果有禾苗，国家付给损失费。村民住的房屋国家付钱，所付的钱足够到其他地方买住房用。我的家原来也在祭旗庙村，1951年搬到马甸。

后来，总参测绘局门前的公路通了31路公共汽车，在原祭旗庙村的南侧设立一个车站，站名叫"红旗庙"。

祭旗庙村从此就消失了。

第十二章　人物事略

第一节　丁氏一家

西村的后胡同里，住着丁氏一家。丁家是回族，在西村是老住户，到解放前已经有几代人了。丁家系世传的中医皮科专家。在清朝末期时，丁家有兄弟三人。大哥丁善恩（1850—1905年）精于阿拉伯文和汉文，通晓医术，原来是一位医生，后来受聘于马甸清真寺任教长。二哥丁庆恩（1853—1881年）在马甸清真寺任阿訇。老三丁德恩（1854—1917年），是当时著名的中医皮外科专家。据传，清光绪六年（1880年）慈禧太后突患皮科疑症，经宫内御医久治无效，遂有某大臣上奏举荐当时有名郎中丁德恩，经太后恩准遂召见进宫诊病。时隔不久，经内服外敷中药后，果然大病痊愈。太后大喜，慈谕留任御医。丁德恩藉信奉伊斯兰教，生活不便婉言辞谢。丁德恩后来在花市大街开设"德善医室"并免费为附近的回民治病，著有《德善医室疡科效方》一书。

三兄弟中后来只有大哥丁善恩继续住在西村。丁善恩生有四个儿子：老大丁子良（名国瑞）、老二丁宝臣（名国珍）、老三丁少三（名国璋）、老四丁子瑜（名国琛）。这四兄弟中，老大丁子良、老二丁宝臣、老四丁子瑜后来都成了当时赫赫有名的人物。

这里对丁氏三少分别作简单介绍：

丁宝臣（1876—1913年），名国珍，字宝臣，经名"萨利赫"，回族。北京德胜门外马甸西村人。生父丁善恩，后因丁宝臣的三伯丁德恩无出，丁宝臣便过继为子，丁宝臣在他以后的文章中多次称之"家严"的人，实际指的就是他的叔父。由于他的父、叔二人经汉兼通，事业发达，使丁宝臣在少年时代就熟读经书和汉文，思想活跃。1900年之前，年仅二十几岁的他就曾不顾交通不便，到山东

丁宝臣

临清一带游历，开阔视野。义和团事变后，他返回北京，二十七岁时投奔当时正在密云县清真寺任职的北京著名回族学者王浩然处深造。三年后挂帐①，当时，众回族乡绅赠万名幛一轴，配幛二十余方。

清末民初，国家衰弱，人民贫困，列强入侵，山河破碎。而北京的回族群众又大都处于贫困、落后和封闭的社会状态中。丁宝臣看到这些，决定放弃阿訇职位，从事唤起民众的事业。他一面在其叔父的"德善医室"行诊，一面秉笔呼号，发表文章，开启民智。他说："鄙人不做阿訇，并非是看不起阿訇，是把阿訇的爵位看得极高，我恐怕不胜其职。现在我无论有何大过，所误者不过我一身，与全教的大局，毫无损害。"虽然他没有做阿訇，由于他已具备阿訇资格，所以，在后来的日子里，一些人仍称他为"阿訇二爷"。即使他担任《正宗爱国报》总理，成为著名报人后，也是如此。

1905年丁宝臣开始在西单牌楼清真寺内独立行医，并兼理《天津商报》撰稿人。1906年4月，丁宝臣出版《清真启蒙》一书，他在书中提出应该在清真寺内建立学校，半天学经文，半天学汉文。他还提出，回族应该兴办工厂，以使回族群众摆脱贫困。他的这一进步主张立即遭到回族内部保守势力的猛烈攻击。

当时的回民教育，只是在清真寺内学习阿拉伯文，学习经文，并不学习汉文。除此之外再无其他教育。

丁宝臣意识到，只在清真寺内学习经文，是一种封闭和落后的状态，必须突破这种束缚。学习汉文，发展普通教育，才能使回族群众跟上时代的发展。

在当时，回族内部的保守势力认为丁宝臣的主张是忤逆和反教。就连当时比较开明的大阿訇也都下令驱逐他，不准他在西单牌楼清真寺内逗留。

这样，丁宝臣不得不迁回"德善医室"。但是，丁宝臣坚持自己的信念，并不屈服。

1906年9月2日（光绪三十二年七月十四日），丁宝臣在《京话日报》上发表了题为《尽人力就是知天命》的文章。在这篇文章中，他在坚持《清真启蒙》一书

---

① 挂帐：是回族的一种宗教仪式。阿訇培训毕业，举行仪式，然后才能正式成为阿訇。以前，在这个仪式上，本教的一些名流，乡绅等会赠送幛布挂在现场，所以称为挂帐。现在一般不再挂幛布了。现在的仪式大致是这样：（1）由伊玛目主持仪式。（2）由阿訇诵经。（3）伊玛目给新阿訇颁发《阿訇资格证书》。（4）为新阿訇穿衣、戴帽；赠送《古兰经注》。（5）伊玛目祝贺并寄语新阿訇。（6）新阿訇表态。（7）合影。

观点的基础上，严厉批评了回族内部保守的教职人员。

清末民初时的广大回族群众是很贫穷的。马甸和西村街里经常有贫困的回族人挨户要乜贴（乞讨），清真寺前也有许多儿童在要乜贴。而当时宗教保守人士宣扬，教众不必努力，只要听天命就行了。有一些保守的阿訇还对教众说："应该听天命，你们看，我听天命，现在有吃有喝。"还有的教职人员说："在清真寺内教汉文，就是叛教。让孩子入学堂，就是随了洋人。想兴办工艺厂的，全都是财迷！"

丁宝臣愤怒地指出，只有尽了人力，才能谈天命，尽人力就是知天命！

丁宝臣指出，这些人"自己以为是信天翁，其实是违背天道的。"丁宝臣认为这些人是"不通的回教人"，是"糊涂虫"，他们简直无异于"回教的仇人"。

他说："一家不要强，一家受罪；一教不要强，一教遭殃；全国人若都不要强，还愁不当亡国奴吗？"

他告诫人们："造化的真理，绝不容人混吃等死，强者必胜，弱者必败。"他说，那些人虽有五官四肢，却"不知打起精神去做"，一任做民族衰败的演说，实际上是叫人等着"天上落棉袄，空中下麦子，房梁上吊馅儿饼"，是背离《古兰》真谛的。

丁宝臣指出，那种并无真"尔林"（学识）的人，占据着一方教长位置的，也还为数不少。丁宝臣说，这样的人"自称是替圣传道""读的是阿拉伯经书，不但不通阿拉伯语言文字，连阿拉伯话也不懂""自己觉着是信主"，其实是常常"错解了经文，总是劝人认命"，根本没有把"经卷上原有的真理发明出来"，反而利用了宗教的讲坛和人们"唯伊玛目"的粗浅信念，对兴业扶贫，对"立学堂"的进步事业说三道四，横加阻拦。

他说，阿訇是回教的领袖人物，第一自己得明白，糊涂阿訇，走了也不足惜。回教里明白人很多，难道还选不出一位阿訇来吗？

《尽人力就是知天命》的这种呼喊，在当时犹如惊雷，它一方面使回族的进步人士坚定信心，更加勇敢地前进，另一方面，它激起了回族保守势力的激烈反抗。

首先，有人找上门来，利用"教长"的地位，威胁丁宝臣的父亲说："你儿子这么做，乡老们不答应，你要是不管，他们就要聚集人众，把你儿子狠揍一顿。打成什么样，那就难说了。"又有人威胁要把丁宝臣诉上公堂，告他忤逆罪。还有人要求丁宝臣给教中的领袖鞠躬道歉，同时提出三项要求：一是将《清真启蒙》毁版；二是不准丁宝臣今后再在报上发表文章；三是要丁宝臣公开声明，收回主张。一时间，满城风雨，其势颇有些"黑云压城城欲摧"的意味！

丁宝臣毫不屈服，他对威胁他的人说："你去告诉那些人，想要我赔礼，碍难从命。"他同时继续在报上发表文章，题为《回回诉委屈》。他坚决地再次明确指出：混吃等死，就是违背天道，回教若不要强，将来一定落后。若说进化开化，就算反教，难道游手好闲，算是教中的高人吗？（1906年9月14日《京话日报》）

他说："礼拜寺所用的经费，哪一样不出自回教人；查中国回民，约有三千万人，合计全国人，差不多够十三份的一份，阿訇果真开通，不上三五年工夫，就能给国家添出三千万有用的国民来。从此国家也强了，教也富了，岂不是阿訇的德政吗？怎么老是顽固不化，拿不谈时务当体面呢？"

1906年11月6日，丁宝臣在友人王子贞、杨曼青，以及四胞弟丁子瑜的支持下，创办了《正宗爱国报》。这是第一份由回族人办的报纸。丁宝臣意识到，要想冲破保守思想的束缚，就要宣传正确的道理，开民智、启民风。要想民众觉悟，国家富强，就要传达民情、匡正时弊、鼓吹爱国。因此，办报就是一件急需要做的事情。

当时，丁宝臣在今北京东琉璃厂的东北园附近借了几间房，《正宗爱国报》就在这里诞生了。1907年11月6日《正宗爱国报》迁至琉璃厂西门外（现在琉璃厂西口）南柳巷胡同路东的两层楼房内。

该报刊出的《正宗爱国报的宗旨》明确表示：办报的目的是要唤起"黄脸面黑头发"的人"痛痒相关，彼此相顾，同心协力，共谋同种的幸福，以国土为性命，人人发出一团热力爱国如命"，以"保卫中华……万万年"。他申明，自己早已抱定"百折不回，死而后已"的精神，"以挽救时局为己任"，志在"救中国不亡"。他向人们摆出了这样一个事实，即："中国地广人多，反来弄到这步田地，比我小十倍的国家，竟会那样强胜（盛）。强者不但存，还能开辟土地，弱的不但受气，还怕有灭亡的大祸呢！"他认为，"中国要打算富强，必须广开民智"，而"开民智的利器"，则是"报纸"。

丁宝臣不仅担任报纸"总理"，策划出版、发行，还兼做编辑、采访工作，还在该报及其他报纸上撰写了大量社会评论及新闻作品，其中发表于创刊号上的《请看本报的章程》，以及其后的《大呼我国同胞》《将来之阿衡》《信》《我不由得大喊三声》《医生劝医生》《十年之后方知我》《北京社会之糟糕》《说合群》《立宪之大纪念》《死而后已》《传真方卖假药》《眼光必须放大》《救危险之要策》《请废鸦片旧约》《再说说请废鸦片旧约》《与客谈》等，不仅今天读来仍堪称是脍炙人口之作，而且为我们了解北京清末民初时代的回族历史，提供了珍贵的第一手材料。

在清末的革命浪潮中，封建势力加紧了对革命者及其舆论的镇压。面对危机四伏的办报环境，丁宝臣早已抱定"死而后已"的决心。《正宗爱国报》第487期（1908年三月初六）发表了丁宝臣的"死而后已"一文。表现了他在反封建斗争中大无畏的立场。

1913年在孙中山起兵讨伐袁世凯后，《正宗爱国报》进行了大量报道，成为当时革命讨袁的喉舌。同时，该报还加强了揭露时弊、抨击袁世凯政权的腐朽和日趋不得人心的力度，为此引起袁世凯的仇视。7月26日，该报刊出关于警察、士兵与议员生活及相应工资对比的"时评"，被袁世凯以"惑乱军心，收受乱党资助"为罪名于7月28日责令停刊。8月1日，丁宝臣被捕入狱。在丁宝臣被捕后，前门、哈德门（即崇文门）地区的一百余家大铺面联名向上递交《联保书》，随后又有五百余群众向袁世凯请愿。袁世凯当局不顾人民的反对，在1913年8月19日晨，将其杀害于宣武门外火道口刑场。丁宝臣就义时年仅37岁。这是我国新闻史上第一位被北洋政府杀害的具有民主主义思想的报人。

丁宝臣在办报的同时，还和其他回族人士一起兴办工厂，兴办教育。1909年，丁宝臣和穆子光、高秋平等回族人士四处筹款准备在牛街创办织布厂，招收回族贫民妇孺入厂工作。并计划将做工和学习文化结合在一起。

经过几年的努力，丁宝臣等人筹办的牛街普慈织布厂于1914年年初开工。这时，丁宝臣已经就义。但是工厂开工后，仍然按照丁宝臣的设想，将做工和学文化结合。据1914年1月22日《爱国白话报》记载："牛街普慈织布工厂，拟于阴历正月开工后，每晚加添国文、习字、算学、经文四堂功课，聘请关天生、闪资民、杨璇甫、张斌臣、李云亭诸君为义务教员，并承马锦门先生捐助大洋十元，以备添置笔墨书籍、算盘纸张之用。"（见1914年1月22日《爱国白话报》）

我国回族史学家张巨龄教授说："《正宗爱国报》是迄今为止，我们所能见到

的近代最早由回族人主持的报纸，它出版
近7年，达2363期，发行最多至4万份，是
当时继《京话日报》停刊后，影响最大，
所办时间最长的报章之一。"

丁子良，回族，名国瑞；字子良；别
号竹园。他常用别号行事。受父辈影响，
子良幼时便习经攻文，酷爱医道。所以，
年仅21岁时，就在德胜门外关厢一带独立
应诊。1895年，他携眷定居天津，一面行
医，一面关心时事政治，参与社会活动，
并挥毫著文，抨击时弊，畅言个人理想。
1907年他在天津创办《竹园白话报》，

丁子良（1870—1935）

抑恶扬善，充满为民请命和爱国爱民族情感的时评、论说。后又以寓言故事等手
法，增加了面向大众的园地，他的故事亦庄亦谐，深受广大读者的喜爱。1907
年，他的 "竹园白话"，甚至被"呈御览"，而受到思想趋向开明的光绪之赞
许。他还在报纸上撰写了大量宣传鸦片毒害的文章，揭露帝国主义向我国运卖鸦
片毒品的罪行。1910年11月，他与刘孟扬、张伯苓等共同倡导建立了"中国国
民禁烟会顺直分会"。1911年4月，他又邀请刘孟扬等人成立了"国民求废烟约
会"，任会长并带领会众赴京请愿，为彻底废除不平等的《天津条约》而奔走。
丁子良在医学也上有许多著述，出版了《说疫》《治痫捷要》《增补瘟疫》等医
学书籍。

丁子瑜（名国琛，字子瑜），回族，生于1884年，卒于1946年。丁子瑜的事
迹已经在前边"教育和学校"一章里作了介绍，此处不再多述。

第二节 张巨龄

在西村后胡同里，还成长了一位当代著名的学者张巨龄先生。

张巨龄，回族，全名是：哈吉·赛尔代·张巨龄。1941年1月出生于辽宁省沈阳市。1965年毕业于首都师范大学后，任《光明日报》高级编辑、记者。现为湖南理工学院特聘教授，从事现代汉语、语文教育和回族史学研究，是中国回族学会常务理事，北京语言学会常务理事。

张巨龄先生通晓阿拉伯语和英语。

张巨龄先生的母亲是马甸西村人，住西村后胡同5号。他小时候随母亲在西村居住，并在马甸的回族小学上学。张巨龄先生的父亲张子文（名德纯，字子文，经名艾布·佰克尔，1875—1966年）是近代中国伊斯兰教赫赫有名的大阿訇、教育家，是我国近现代史上回族的著名学者。

张巨龄先生多年来潜心研究回族和回族历史，研究语言和语文教育。收集整理回族史原始资料百万余字，出版专著有《语文·情趣·教学》《语文教学初阶》《作品分析与教学》《诗词格律浅说》《绿苑钩沉——张巨龄回族史论选》等著作。

张巨龄先生最近有一篇关于回族语言的文章，这里摘录其中的一部分，以使读者对马甸的回族用语有更多的认识。

首先，回族有独具的语言特征。虽然一些文字的介绍，至今还只是说回族"使用汉语"，但其实，回族"使用汉语"的词语选择、搭配，以及表达方式等，还是与汉族同胞，与有的同样"使用汉语"的兄弟民族，如满族、赫哲、土家、锡伯等不尽相同，尤其是在年长的回族人中，至今还强烈地保持着我们这个民族的语言特征。例如，有了病，说是得了"瘰嘛儿"；人去世了，就说"默台"了；实现了向往，或办成了某件事，则说是"太咯低勒"；称赞人的面容端庄，则说长得多"法依泰"啊，甚至"解小手"，也会避讳式地说"包来，包来"，等等。即使都是汉语词汇，在选词上也另有讲究，比如宰牲，就说"宰牛""宰羊""宰鸡鸭"，而不说"杀"；去买肉，向商家发问，只说："这是'牛的''羊的'？"而不会问："这是什么肉？"倘若决定买，只说："您给我来一斤'牛的'"，或"来点儿'羊的'"等等，而决不说出（有的地区甚至是忌讳）那"肉"字。对于这些，我曾在应约而写的关于《回族文化及其对回族人民的精神陶冶》一文中予以说明，指

张巨龄先生在书房

出了"回族人相互交谈中所表现出的语汇特点，及其礼仪与内涵文明"。在那篇文章里，我讲了两个亲历的事实，即：

有一次，我去河北省大厂回族自治县采访，陪同的该省教育厅的相关同志知道我是回族，就一定要我去看看清真寺。在与阿訇交谈中，我谈到家父，他立即兴奋起来，说道："噢啊，那是我的'乌斯它低'啊，是我的'乌斯它低'！"

陪同者一派茫然，我连忙解释说："哦，他说我父亲是他的'老师'啊。"

还有一次，我与中央民族大学的李佩伦教授去社科院我们的好友冯今源研究员家，返回等公交车时，见到了一位戴蓝色礼拜帽的西北老人，佩伦道"赛俩目"问候，老人显出十分激动的神情，立即高声地回答："我尔来库门赛俩目"，并连连说道："啊，太克低勒，安拉！太克低勒，安拉！"

我也十分高兴，说道："啊，嘿克买提！嘿克买提！这样的人山人海，噢，真是'太克低勒，太克低勒'啊！"

这，就是一次回族人语言交际的真正的现场实录。

所谓"太克低勒，安拉"，是说"真主所定"；所谓"嘿克买提"，表示"（主的）智慧"，也可引申是"非人的智慧、力量所能办到的"。至于相互问候，老人那以"高声"回答的举动，则是回族语言交际中特有而自觉地表示对问候者热情、尊敬的文化与文明礼仪的体现。

　　回族的今天当然是没有了自己的语言，但从上述的现象看，我们可以推断，回族形成的初期，至少是采用阿拉伯语、波斯语和汉语混合使用的方式相互交流的。这和人们简单概括的"回族使用汉语"的说法，就不尽相同，而是另有其独具特点的。

（见 2008年9月19日《中国民族报》）

　　（"赛俩目"和"我尔来库门赛俩目"都是回族的问候语。两个人见面互相问候，首先问候的说："赛俩目"或者说："赛俩目我尔来库门"，回答的人则说："我尔来库门赛俩目"。这两句是阿拉伯语的音译，前一句的意思是："愿真主的平安在你上"，也可简译为"祝你平安"。后一句的意思是："也愿真主的平安在你上"，简译为"也祝你平安"——王德福注）

第十三章　风俗文化及其他

第一节　民俗

　　马甸居民以回族为主，也有汉族、满族等其他族群居住。各民族和睦相处，从来没有因民族问题而争吵的，更没有打架斗殴的。解放前，在马甸居住的汉族人，生活习俗与回族人一样，也都不吃猪肉，甚至语言的使用，也与回民一致。解放后，马甸的汉族居民渐渐多起来，这些新来的汉族居民，也都能尊重回族的宗教信仰和风俗习惯。他们也大都吃牛羊肉，猪肉吃得不多。有时馋了，从外边买回猪肉来，都会包裹严实，不让邻居看见。他们觉得，邻里之间，关系不错，提了猪肉，让邻里看见，是对人家的不尊重，以后见面不好说话。

　　马甸街里是不准卖猪肉的。我曾经看到有一个游商，跨着一只腰子柜，吆喝卖肉："肉，熟肉！"有人过去问他："什么肉？""猪肉。""别在这儿卖，快走！快走！"一边说，一边把那卖肉人连推带揉地赶出了村子。

　　马甸小学原本不收汉族学生，到1954年才收。我是1955年上的马甸小学。上学后，老师告诉汉族学生，不许把猪肉食品带到学校来。我记得当时有个汉族小女孩问："老师，猪肉包子能带吗？"老师说："也不能带！"

　　老师是回族人，但对各族学生都一视同仁。各族学生一起学习，一起游戏，就像兄弟姐妹一样，并没有感到有多少不同。

　　清真寺是回族群众做礼拜、学习宗教经典的地方，回族群众都叫礼拜寺。回族中有人去世，在这里做洗礼，然后土葬。至今这里的回族都保持着土葬的习惯。回民吃鸡、羊肉，都要在礼拜寺请阿訇宰。

　　回族每年都过开斋节。记得小时候，到开斋时，是在傍晚，街上开始有人喊："开斋了！"声音从前街传到后街，后街就有人接着喊。声音很大，也很洪亮，全村都能听见。

　　回族把人去世叫"无常"，某人死了，就说某人"无常"了。但绝大多数人，都把"无常"俩字念白了，都念作"无正"。谁家有红白事，大家都凑份子，叫作

"凑乜贴"。这是街坊邻里互相帮助的一种形式。捐款也叫"乜贴"。解放初期，村里来要饭的，叫作"要乜贴"。到现在，这里的回族群众，还保留着这样的形式和语言。

在马甸，早上见了熟人，都要打招呼，第一句话是问候，不问别的，都问："您喝茶了吗？"

马甸的民居大都是四合院式建筑。大门口装有石墩，富有的人家常常有两进院落。马甸街上，各院子的大门前大都栽有两棵槐树，有些槐树已经很粗，像马甸西后街马家的门前，东后街丁阿訇家的门前，礼拜寺南王阿訇家的门前等，都有两株很粗的槐树。马甸清真寺大门前，后黑寺三个大门前，都有两株大槐树。这几处槐树的粗细都差不多，应该都有三百多年的树龄了。

大门两边栽槐树，好像是我国北方的习俗。究其原因，说法很多：有说槐代表禄，传说槐树是为官之树，古代只有公卿可以坐于树下；有说槐代表福，槐树多籽，多籽与"多子"谐音，在农耕社会，多子则多福；有说槐树寿命长，能活千年，所以门前植槐，有期望家人一代一代长寿的意思；有说槐木质地坚硬，纹路细腻，用其打大车，制农具，经久耐用；村中乡老说，槐树是前人栽树，后人乘凉，如果有过路人看到某家门前有两棵粗大的槐树，会竖起大拇指说，这家人运气好，辈辈兴旺。不管怎么说，门前种槐，已经成为一种民俗和文化。从马甸的槐树可知，至迟在明朝，已经有在门前栽槐的习俗。

第二节　古道

从德胜门出来的古道，在现在京藏公路的西侧。解放初期时古道还在。出德胜门外关厢，关厢北端叫关北头。从关北头开始，能看到并行的两条道路：西边的是古道，东边的是解放前修的石子公路。公路因是从德胜门到清河，所以叫"德清路"。西侧的古道低于两边地面有四米多，往北一直到官厅都是如此，在道上走，如走在沟谷中，这是几百年间大车碾压的结果。古道在这一段有30多米宽，这是古道多年来左右摆动形成的。解放前后，古道还能走大车。由于旁边有了公路，所以古道上走的车和行人已经很稀少了。古道上车辙还很清晰。在坚硬的车辙旁，开始长起车前子，偶尔还能看到几簇美丽的马莲花。

古道在官厅分为三条道：一条向北过马甸，出健德门；另一条向东，可以到黄寺；再一条向西，过慈度寺再过西村，向西北，走不足一里，是小月河上的牤牛桥。再往前，就是塔院、海淀镇了。这条路是明清时德胜门到西北郊的主要大道。

官厅向西的路，有很长一段与两边的落差仍有四米多，这是因为在路的两侧都有官方建筑。所谓"官厅"，所以道路不能改道。由于这条路又窄又低，到民国以后就很少有人走了。民国以后，由于清朝正黄旗军队的教场成为荒地，人们在官厅南，经正黄旗教场斜向走出一条去西村的路。正黄旗教场在1925年后被改为"中山林场"，路就从林场中间穿过。

官厅向北一里，就是马甸。这里的古道与两边地面的落差渐渐变小，到马甸也就有2米左右了。因为去马甸的路两边都是空旷地，道路可以稍微散开来。道走得低了，再走旁边稍高的地。

马甸这条道被走成沟谷，应该是明朝以后的事。明朝后，马甸成为郊区，处在德胜门和健德门的交通要道上，多年的古道，就走成了沟谷。

马甸的所有建筑，都建在古道两边的台地上。

俗话说："多少年的媳妇熬成婆，多少年的大道走成河。"马甸前街的这条古道后来还真的走成了河。这古道经过明清几百年的使用，路面越走越低，到民国时期，每逢下雨，街道当间就成了"小河"。因为北土城外的地势低，雨水就从南往北顺着街道向土城外的护城河流动。不下雨时，街道当中也常有积水。大车和行人在积水沟的两岸稍高的地方开辟出新的道路。到20世纪30年代，由于古道上健德门外的石桥损坏不能再用，又加之古道里经常积水，人们就在古道东边100多米的地方从德胜门到清河又修了一条石子路，这就是德清路，德清路从马甸东后街穿过。德清路到马甸前街有一条大道相连，大道走义学胡同。由于前街古道比较深，人们在义学胡同西口架起一座能走大车的木桥，连接古道小河的两岸。当时，马甸村的大车，架子车等都从这座木桥上德清路。

即使是这时候，在古道上仍然有大车在行走。许多行人到德胜门去还是走这条古道。

1983年，对马甸前街的小河进行改造，这是改造未完成时马甸前街的小河（《岁月回响，首都城市规划事业60年纪事》）

1930年拍摄的健德门遗址（《旧都文物略·城垣略》）

古道正式成为小河大约是在1953年。当时的政府组织人力，索性把前街的中心挖深，使之成为一条真正的河，河的坡岸栽上柳树。马甸前街就分为河东与河西两部分。小河出健德门，汇入小月河，再往北汇入清河。河里的水源，主要是德胜门外一带的雨水。解放初期时，前街小河上除了义学胡同的木桥再没有其他桥梁。那时候，人们在小河中放几块石头，居民从河东到河西大都走那些石块。到1958年前后，人们才在堂子胡同口北又修了一座小木桥。这小木桥只能走行人。

1983年和1984年，修建马甸立交桥和扩展北三环路。在这同时把马甸前街的这条小河改为暗河。在原来小河位置的地下埋了很粗的管道。暗河的地面仍是道路，但路面仍然很低。马甸拆迁时，把地面垫高，并把马甸原来的前街修成一条很宽的柏油路。现在叫马甸东路。

马甸前街究竟是从什么时候出现小河的？从留下的史料和马甸乡老的回忆来看，应该是1936年以后的事。

马甸的乡老说，马甸东后街的德清路是1937年后修的。又说：在1930年前后，健德门外护城河上的大石桥就损坏不能用了，加之道上积水，古道已不堪使用。德清路的修建与马甸前街古道不能使用有直接的关系。从这些口述的历史，可以大致确定马甸小河存在初始的时间。

此外，还可以从20世纪30年代拍摄的一些照片来帮助我们确定。

1936年拍摄的健德门遗址（王璧文《元大都城坊考》）

这些照片有三张，一张是1936年拍摄的健德门外大石桥，这桥在拍摄时已经损坏。（见第十章，村北健德门）

第二张照片是1930年拍摄的健德门豁口景象。

从图像看，健德门豁口在1930年虽然有流水冲击的小沟，但中间仍然是古道，没有河流。而如果马甸有河流必定经过这个豁口。前面已经叙述过，马甸的古道是经过健德门豁口向北的。马甸的古道成为河流也会使健德门豁口存在一条河流。

从这张照片还能看到一个事实：马甸的地势要比土城外高许多。

第三张照片是1936年拍摄的健德门豁口景象。

从1936年拍摄的图像看，健德门道路旁侧已经有小水沟，但这仍然是雨水冲成的沟，还没有形成小河。

这就是说，1936年之前，马甸前街并没有成为小河。由于德清路还没有修成，马甸前街不但没有小河，它仍然是古道的必经之路。

1937年后修成了德清路，古道即被废弃，马甸前街渐渐就成了小河。也就是说，马甸前街的小河是在1937年之后才出现的。

由此也说明了一个问题，即小月河在健德门豁口向北流的河道也是在1937年以后形成的。在这之前，那一段由小关向北的河道是明清时的古道路，是和马甸前街相连接的到长城外古道的一部分。

在解放前后，小关以北的古道虽然已经成为河流，但仍然被人们叫作"大道沟"。

第三节　用水和水源

早年，马甸居民用水一直是用井水。马甸地下水很丰富，从地表往下挖五六尺，就会有水。我小时候，自家院里就有井，吃水很方便。当时，各牛羊店里，各家院子里，都挖有水井。清真寺里也有一口水质很好的水井。

据《日下旧闻考》记载，离马甸不远有一个村庄，村里有一口明朝时的古井，泉水清甜，后来井水往上涨，漫出井口，成为喷泉。

马甸地下有一些古老的河流，这些古河床为马甸提供了很好的水源。

1957年，我们在马甸小学里栽树，有人挖树坑时，挖到了近一米深的地方，结果挖出了沙子，沙子很整齐也很干净。这些沙子呈带状分布，有十米左右宽、两米多厚，很长，为西北东南走向。附近建筑工地听说了，就用车来拉沙子。我们地理老师说，这里古时是一条河。沙坑挖大了，学校怕摔着学生，就不让挖了，最后连坑也填上了。

从河的走向看，后黑寺山门东边的大井、马甸西后街的几口井、清真寺的井、官厅东南侧大井等，都是在这古河床上。

后黑寺山门两边各有一口大井，井口的直径有一丈多。东边的井，水量充沛，水质清甜；西边的井，水量和水质就差多了。解放前黑寺里发生火灾，马甸村民去救火，把村里所有井的水都打干了，只有后黑寺山门东的大井还有水。

20世纪90年代，马甸危房改造，开发公司建楼挖地基时，在马甸小学围墙外的西北方向也挖到了一条河床，河床据说有十几米宽，也是西北东南走向。这条河按走向正与马甸小学曾经挖出的河相衔接。其上部也是细沙，也是很整齐也很干净的沙子。再往深处挖，河床里堆积的是黑色的泥和砂以及卵石和砾石，有好几米厚。当时在古河床里还挖到一只活着的乌龟。那时北京晚报有一篇文章报道了这件事，同时分析说，这龟可能原来生活在古河中，随着河被覆盖，留在了泥中。又说也可能是寺庙里放生，这龟自己找到了水源丰富的古河床，并留了下来。

马甸前后两次挖出的河，是同一条河。

过了几年，在马甸西北约三里远的地方修建文理学院，又挖出了一条河，据文理学院的老师说，河床里堆积的上边是土黄色的沙子，下边是黑色的泥和砂以及卵石和砾石，河床里仍然有很充沛的水源。在挖河床的堆积物时，泉水还流淌不断。从河的走向和河床里的堆积物来看，这条河与马甸挖出的古河应是同一条河。也就是说，在过去很长一段时间里，马甸和花园路地区曾经流淌着一条水量非常充沛的河流。

马甸的这条古河是在海淀区山前平原形成以后出现的。这条河发源于北京西山，出山后，河水流动在古永定河的冲积平原上。其方向总体是从西北流向东南，河宽曾经有十几米，水量充沛而湍急，所以能冲积下卵石和砾石。河床里黑色的泥沙说明当时地表植被很茂盛，植物的残骸变成了腐殖质，也可能是其上游流经了裸露的煤层地区，或是二者皆有之。卵石和砾石有几米厚，说明其堆积时间可能以万年计。后来河床被冲积物垫高，水流变缓但水量仍然充沛，所以能冲积下细砂。细砂有两三米厚，其堆积时间也至少以万年计。这条河最终被堆积物淤塞，被黄土覆盖，上面的黄土约一米厚。所覆盖的黄土与周围的黄土并没有区别。这说明，河上边的黄土是由风和雨水堆积的，到后来从地表面已看不出河的痕迹。

这条河存在的时间约是在地质时代的全新世（1.17万年前至今）。这条河消失的时间距现在至少有几千年了。

这条河从北京西山的山沟里流到本地区，经过文理学院、月季园小区、马甸小学（民族小学）、清真寺，过马甸立交桥南侧，流入现在的西城区。

除了这条河，马甸地区还存在过其他的河流。

在后黑寺山门前西南三十米外有一棵大槐树，树下有一条胶泥带，胶泥呈褐红色，没有杂质，是很纯净的胶泥，具有黏性。胶泥几乎裸露在地表。我们小时候在学校里做手工用黏土，都到那里去挖。这胶泥带呈条状分布，有一米多厚，几米宽。胶泥下又是黄土。这胶泥不是风刮来的，也不是自生的，应是河水冲来的。从冲积物可以知道，这应是另一条河流。由于没有太深的河床，其距地表又浅，其年代要比上边说的河晚得多，存在时间也少得多。

我上学前，五六岁的样子，曾在林场东侧的一块地里帮父亲干活。那地里有一口大井，井上有一架水车，父亲把牛套在水车上车水，我的任务是赶着牛走，不让牛偷懒停下来。一天，水车从井里提上来许多小虾米，小虾米还是活的，顺着垄沟随水流进菜地。提了一个多小时后，小虾米渐渐少了，再就没有了。过一会儿，井的主人，一位姓孟的老人来打水，见到了虾米，他很奇怪，说过去从没见过这井里有虾米。现在年轻人一般不知道水

几万年前马甸和花园路地区曾经流淌着一条大河

车，我简单介绍一下：水车是一种从井里提水的装置，井上是一个铸铁的架子，在架子中间，固定一根铁管，通到井下水中，铁架的侧面装有一个立式铁轮，能够转动，上边挂有铁链，链上每隔约五十厘米有一个皮钱，铁链从铁管中穿过，通到井下，形成环状。皮钱紧贴着铁管壁，铁轮转动时，带着链子转动，皮钱就把水从井底顺着管道提到地面。铁轮的转动是由畜力拉动的。

我上小学后，暑假里要去庄稼地里拔草，和我一起拔草的是几个岁数很大的老人。当时成立农业生产合作社，有田地的可以加入。如果不加入，田地不能自留，要捐归社里。马甸有一些商人也有田地，他们不愿白白捐给社里，就叫家里一位老人加入合作社，以观察将来的发展。后来，这些老人都自动退出了，田地就给了合作社。我和他们一起拔草，听他们聊天，一位姓马的回族老人说，清真寺当初选址，就考虑到寺里将来挖井，井水要充沛，水质要好，所以就选了现在这个地方。他年轻时到寺里修井，快修好的时候，从井里打捞出一只水罐。这种水罐叫"柳罐"，用细柳条密密地编成，加之柳条见水膨胀，不会漏水，农家打水时常用。柳罐呈圆形，上口直径一尺多，类似于一只大的篮球从中间切开。清真寺里没有这种罐。过了几天，听说离清真寺有半里远的聂家，打水时掉到井里一只罐，掉下后这罐就不见了。他们把清真寺捞起的罐拿给聂家看，聂家说，就是他家的罐。

把这几件事联系起来看，由于马甸地下水量充沛，又曾经有许多河流，泉水在地下的定向流动，也许会形成一些管状通道，能使水罐从一口井飘流到另一口井，使虾米从别的地方游到井里。

1952年前后，有一些比较富裕的人家，在院子里装上了压水机。压水机压上来的水比井水干净多了。邻居们就与这压水机的主人商量，共用一个水机压水用。

1955年，马甸通了自来水。自来水龙头设在前街，共有两个，清真寺边上一个，街东小卖店旁边一个，全村公用，马甸居民开始用上了自来水。几年后，自来水引到各个大院和各胡同里。这些大院都是原来的牛羊店，拆了里边羊圈，有很大的空地，后来都被政府或附近的单位盖了房子，住进了居民。到20世纪70年代，自来水就引到了每家每户中。

同时，农业生产队的田地，差不多都种上了蔬菜，菜地里都打机井浇地。机井用电机抽水，抽的量很大，加上周围单位和工业用水也都使用机井，这样，马甸地下水的水位就迅速下降。以至于生产队的机井，隔一两年就要再往下挖深一次，不然，就抽不到水了。

第四节 燃料

解放前，马甸居民做饭和取暖，用的主要是柴草和煤炭。柴草用来烧柴锅、热炕、热墙，煤炭用来烧炉子。牛羊店的客房，冬天取暖，大都用热炕和热墙。居民中，比较富裕的，用煤做饭和取暖。农民一般是柴煤兼用。那时的煤分两种，一种是煤球，另一种是硬煤。硬煤就是原煤块，比煤球贵。煤球是将煤的粉末与黏土按一定比例配好，用水搅拌和匀，摊在地上，抹平，约一寸厚，再切成一寸大小的方块，晒到快干时，用筛子来摇，就成为煤球，再晒干就能用了。马甸当时有两个煤场，既卖煤球也卖硬煤。煤场的位置都在后黑寺西侧，一个在寺的西南，另一个靠北一些。公私合营后，南边的煤场取消了，北边的保留了下来，后来还扩大了。再后来，居民又开始用蜂窝煤，煤球用得就渐渐少了。到1980年前后，马甸居民做饭又开始用液化石油气，冬天取暖还是用蜂窝煤。

第五节 驻军

马甸处于出入北京的交通要道上。为了护卫京师，各朝代在马甸都有驻军，一是为了抵御自北而来的侵扰，二是如果城里有变故，可以从这里就近调兵驰援。

明朝在马甸西边驻扎五军营。明正德初年，朝廷任命魏彬为五军营提督。魏彬在马甸西二里地建起一座庙宇，以祭祀军旗。后来这里的村子就叫"祭旗庙村"。因庙是红色，所以民间又叫"西红庙"。

清朝时，马甸南边的太平营驻有清军的正黄旗部队，并在马甸林场一带的教场进行训练。正黄旗是清朝八旗之一，以旗色纯黄而名，由皇帝亲自统领。和平时期，是皇帝和京师的护卫。

民国后，马甸和官厅均有驻军。据乡老回忆，北洋政府时期，军阀混战，马甸常驻有不同派系的军队，纪律松弛，时有军人抢劫当地百姓。据档案记载，民国三十五年（1946年），中央陆军第二十一师在马甸驻守。

乡老们说，快解放时，土城外是共产党的部队，土城里是国民党的部队，不管白天还是黑夜，常听到激烈的枪炮声。有时候在傍晚的夜色里，能看到解放军猫着腰，快步从村边跑过。

到1949年1月，北京和平解放，解放军进了北京城。后来，解放军进驻马甸，一部驻在马甸前街13号，一部驻在后黑寺里。前街13号原来是一个牛羊店，很大，宽阔的大门，门内有一个大院子，周围有许多房间，往里走，是里院，也有一些房子和很大的空地。村民都管这个院子叫"空军司令部"。那时，能看到吉普车和摩托车进出司令部的大门，门口站有警卫。

有一段时间，早上起来，我看见有几个解放军战士，在我家院子里的柴锅烙饼。走的时候，在锅里留下一张很大的白面饼，算是酬谢我们。我问大人，大人说，解放军半夜就来烙饼了，他们要去远处演习，柴锅烙饼快。

据说，这些都是炮兵，是首都的防空部队。

部队还在后黑寺里养猪，以供部队食用。因为马甸的居民主要是回民，解放军尊重回族习俗，不在民居附近养猪，而是把猪圈建在黑寺里，在常喇嘛院子的西边。

我小时候问人："这庙为什么叫黑寺？"他们告诉我，因为那里养猪，回民管猪叫"黑"，所以叫黑寺。长大后我读了《日下旧闻考》才知道，这"黑"字与马甸附近"黄寺"的"黄"有关，而与猪无关。

驻在马甸的解放军和村民的关系很好。我家一个邻居，汉族，家里孩子多，其中最小的孩子没奶吃。一天，孩子的妈妈抱着孩子去前街买东西，孩子饿得直哭。一位在空军司令部工作的女干部看见了，就把孩子抱过来，给孩子喂奶。以后这位女解放军就常来邻居家，给孩子喂奶。这位解放军姓周，大家都叫她"老周"。老周高高的个子，身体健壮，性格开朗。据说她家在山东，自己也有一个小孩，与邻居家的差不多大。但部队不能带孩子，她就把孩子留在山东老家，只身回到北京的部队。老周后来转业回到了山东，十几年后，她还到北京看望过自己奶过的孩子。也很奇怪，周围的邻居都说，她奶大的孩子，性情不像自己的兄弟，倒非常像老周。

后来，司令部来往的车辆少了。大约在1955年，司令部就搬走了。

第六节　照明

马甸居民的照明，一直用油灯。到我记事时，用的还是煤油灯。煤油灯主要有两种，一种是没盖的、碗状的灯，挂在墙上或放在桌子上，在灯碗里倒上煤油，放入灯芯，点着，就能照明了；还有一种是用密封的器皿装上油，灯芯由一个机械轮引到外边，灯芯部位安上玻璃罩，这种灯比较亮，烟也少，但较贵。开放式的油灯大都是陶质或瓷质的，密封式的油灯都是玻璃做的。居民偶尔也使用蜡烛和马灯。

1961年，马甸有居民家里拉了电灯线，但很长时间没有电来。大约在1963年，马甸居民就开始用上了电灯。有了电灯，油灯就不用了。

第七节　广播

1960年，马甸生产队社员的家里，开始通上了广播喇叭。广播站建在生产大队，拉出一根广播线，经电线杆通到社员的家里。每家装一个4寸大小的高阻抗喇叭，喇叭上有两根线，一根接大队的广播线，另一根接在地下，就是往地下打入一根铁条，再接上线，连在喇叭上。喇叭每天定时播放电台的节目，有时也播放通知什么的。几年后，收音机普及了，广播喇叭也就失去了作用。

第八节　节日娱乐

从农历正月初一到十五，每天在后黑寺前都有村民游艺活动，有花会、高跷、锣鼓、马术、变戏法等。这是一种民间自发组织的活动。在这活动的同时，在黑寺山门前，还有许多小商小贩卖各种小吃、糖果、瓜子、糖葫芦、风车等，和村民游艺活动掺和在一起，十分热闹。

到农历正月二十三日，马甸黑寺都要举行"打鬼"活动。打鬼时，众喇嘛上佛殿列座诵经。先由二人扮鬼跳跃舞蹈，随即逃匿。一喇嘛盔甲戎装，持方天戟，从殿上吐着火焰跳跃而出，作追赶状。然后，出黑寺山门向南，鬼逃僧追，过白石桥。引得群众围观，人山人海。

这本是一种宗教仪式，但后来观看打鬼，就成为一种民间娱乐形式了。

"黑寺打鬼"实际是马甸正月各种文化娱乐活动的高潮和终结。

第九节　夜校

马甸原来有很多文盲。新中国成立后，政府扫除文盲，村村办夜校，号召大家去上夜校，识字、学文化。夜校借用的是马甸小学的教室。晚饭后，教室里吊起一个汽灯，很亮，一个教室点一盏就足够了。汽灯比煤油灯大一些，烧的是汽油。汽油装在一个密封的汽室里，汽室外带一个手动的小气泵，灯芯是一个石棉质的网，用手打气泵，给汽室加压，使汽油变成气体从灯芯喷出，用火柴点着就亮了。

1952年前后，我随大人去夜校听课。老师姓李，不记得叫什么，只记得他是李学恒的儿子。李学恒是前街一家理发馆的老板，老幼皆知的。李老师当时看上去有二十六七岁，听说刚在公家找了一份工作。白天上班，晚上义务为大家教文化。老师自己有课本，学生没有，但每个学生都有纸和铅笔。记得有一次，老师照课本讲一个句子，是"有事找师傅"。当时是繁体字，老师把"师傅"两字写在黑板上，就教大家念："师砖（zhuān）。""砖"是"砖"的繁体，与师傅的"傅"字很像，他念错了，我们也都跟着念。上学后，我才知道，老师把"傅"字念错了。现在想起来，刚解放时，识字的人很稀缺，李老师文化程度虽然不高，但他急政府所急，义务教大家识字，已是十分可贵。李老师教得很认真，一个字教好几遍。听的人有年纪大的，也有壮年人和年轻人，共有十几个。如果李老师有事，也有别的老师来教。这夜校一直坚持到人民公社成立。人民公社成立后，在地头教社员识字。

第十节　电影

大约从1952年起，马甸民众就能看上电影了。当时放电影有三个地方：空军司令部院子、礼拜寺北的空地和小学校的操场。空军司令部是解放军给放映，礼拜寺空地是附近的不同单位放映，都免费。只有小学校放电影收费，门票五分，可能是政府的电影部门放映的。小学校操场的电影差不多每周六晚上都有，看的时候，人们大都自带小凳子，没凳子的就坐在地上，也有的站着看。放映的片子有《白毛女》《半夜歌声》《钢铁战士》《冲破黎明前的黑暗》《马路天使》等。后来，空军司令部搬走了，就不再放电影。小学校的电影放映延续了十几年，到"文化大革命"时才停止了。

第十一节　游行

1953年初，朝鲜战争后期，美国在战场上打不过中国人民志愿军和朝鲜人民军，就恐吓要用原子弹轰炸中国。有一天，我从堂子胡同走到前街，看见马甸村民在前街游行，队伍由村北头向南走，边走边喊口号："打倒美帝国主义！""反对原子弹轰炸！""中华人民共和国万岁！""志愿军万岁！"

第十二节　游戏和儿歌

新中国成立初期，马甸村中的女孩子们常玩一种游戏，叫"跳皮筋"，一般要3个以上孩子才能玩：两个拉着皮筋，站开，另外一个在中间跳。大家一边跳，一边唱着很有节奏的调子。记得当时女孩子们唱的是："猴皮筋，我会跳，三反五反我知道：反贪污、反浪费、官僚主义我反对。"那时全国正开展三反五反运动，其内容就是反贪污、反浪费、反官僚主义。这个歌词，不知是什么人编的，类似于儿歌，并在孩子们中流传。还有反对美帝国主义的儿歌："一二三四五，上山打老虎，老虎不吃人，专吃杜鲁门。"当时的儿歌和童谣，除了时尚的，也有古老的，比如"一个小孩儿，上井台儿，摔了个跟头，拣个大钱儿，又买吃，又买穿儿，又娶媳妇，又过年儿！""小小子儿，坐门墩儿，哭着喊着，要媳妇儿！"等。

第十三节　卖艺人

1958年以前，马甸前街常有一些艺人来卖艺、变戏法的、耍猴的、耍杂技的、说双簧的、说快板的、练武术带卖药的，都有，每次都吸引不少人观看。这些艺人大都从城里来，马甸离城近，往返也方便。其中有一个变戏法的，带了一个小男孩，孩子胸前别了一个"北京七中"的校徽，变戏法的说："这孩子没钱上学，请大家多帮忙！"有不少人给了钱。还有一个变戏法的人在堂子胡同口，赵家小铺前围起一个场子，场子中间放了一个布做的坛子，要大变活人。场子周围有许多人看他戏法。他从人丛中找了一个小男孩，把男孩装到布坛子里，盖上一个布的盖子，双手抱住坛子摇了几下，然后打开盖子让大家看，坛子里的孩子没有了。一会儿，他又盖上盖子，又摇了几下，再打开坛子，小男孩又出现了。我当时还小，不知怎么回事，觉得很奇怪。有人说，那孩子跟变戏法的人是一起的。他要是找一个生人的孩子，不配合他，就变不成了。但是我周围邻居有好几个老太太相信这个变戏法的人有神通，是个神仙。老太太们那些日子在传说着一个故事，说是第二天那变戏法的人又来到马甸，在前街上走。街上有一个要饭的人想做神仙，就拜那变戏法的做师傅，变戏法的说："想成神仙可不容易。我拉一泡屎你能吃了，就能跟我走。"变戏法的人果然拉了一泡屎，那要饭的捧起就吃，捧到嘴边变成一颗烂桃。要饭的人吃了后就跟着变戏法的人走，眨眼之间，两个人都不见了。

我当时听了这故事，以为是真的。

第十四节　民间金融

新中国成立初期，政府组织村民自愿出资建立供销合作社。主要是售卖日常生活用品，也收购地方产品。只要是百姓用的，几乎什么都卖，像粮食、副食、五金、布匹、鞋子等。出资人算股东，是否分过红不知道，只知道在公私合营后不久，供销合作社改为国营，政府把本金都还给了出资人。

合作社还组织村民纺棉花、糊火柴盒，以增加村民收入。谁愿意纺棉花，就去合作社领取原棉，用纺车纺成棉线。纺好后交回棉线，领取报酬。棉线可织成粗布，那时，农村许多人穿这种粗布做的衣服。合作社还回收废铜、废铁、废旧铝质用品等。后来，卖粮食的职能，从合作社分离出来，成立了马甸粮店。地点还是在原来的院子，只是分隔开来，在北边新开了一个门。

解放后几十年间，合作社为居民生活提供了极大的便利。一直到马甸拆迁时，才停止工作。

解放初期，马甸居民中存在着一种金融互助组织，叫作"会"，由几户居民组成，可以吸纳资本，放贷给会员，到期收取本息。其组织形式、借贷方法、利息计算等，都不固定，完全是一种自发的民间金融组织。比如有几户居民，大家商量同意，就可以组织一个会，每户只要出一定的资本，就是会员。每户出资多少、会期多长、利息多少、使会顺序、使会期限、资金保管、消息知会等事项，都由会员们商定确定。"出资多少"好理解；"会期"是指本会到何时结束，结束时各自取回本息。也可延期，但要大家同意；"利息"各会不一样，一般按月计息，比如三厘、五厘、七厘、一分不等。五厘是百分之五，借用一百元，一个月的利息是五元；"使会顺序"，是大家约定好，谁先用会，谁次之。一般同期只有一个人有权用会。用会又叫"请会"，就是使用会里的资金为自己家里置买东西、操办嫁娶等。那时，居民资金短缺，使会是一种权利。居民加入一个会，大都是为了使用资金方便。如果轮到自己用会了，自己不用，也可以放弃；"使会期限"，是请会后，多长时间还，一般俩月、仨月、半年不等；"资金保管"是推举一个大家都认可的人保管会里的资金和账目；"消息知会"就是把账目定期或不定期地告知给各会员。

这种民间的金融互助形式，存在了很长时间。小时候听大人说，在他们小的时候就有。到1958年人民公社成立后，这种金融互助形式就消失了。

第十五节　传说

马甸及其周围有许多古迹，村民们中间就流传着一些关于这些古迹的传说。

1. 四郎府金银的传说

据说，在建黄寺前，那里是四郎府。在四郎府地下，埋有九缸十八窖的金银。这金银别人找不到，只有命大的人来了，才能出世。黄寺在马甸东南二里多，站在马甸就能看到黄寺的塔尖。据史料记载，黄寺是在普静禅林寺旧址上修建的。普静禅林寺建于明代，到清初已经损坏。但在马甸的传说中时间更加久远。传说中的四郎府是在宋朝。四郎就是杨家将中的杨延辉。四郎当年做了驸马，与公主就住在这里。因此埋下了大量的金银。这个传说，反映了村民对于财富的渴望。

2. 满井的传说

在马甸西北土城外有一口井，井水总是跟井沿一样平，所以叫"满井"。据说，满井原是一口普通的井。一次，皇帝在附近打仗，大军又渴又乏，找不到水喝。有个军士找到一口井，井水却挺深。皇帝很着急，他走到井边，望着井水叹道："井水要是满的就好了。"他刚说完，井水竟慢慢地涨起来了，一直涨到井沿儿。皇帝和士兵喝饱了水，就打了胜仗。从此这口井的水就一直是满的，从井里打出多少水，水面也不往下降，不往外打水，水也不流出井沿儿。

满井是一个事实。但为什么会这样？村民们不能对这奇异的自然现象给出科学的解释，就演绎出了这个传说。

据《日下旧闻考》记载："德胜门之西北东鹰房村有称为满井者，广可丈余围以砖甃泉，味清甘，四时不竭，水溢于地流数百步而为池，居人汲饮赖之，蔬畦相错，灌溉甚广，盖郊北之水来自西山泉源随地涌出固无足异。"

关于鹰房村，《日下旧闻考》又说："鹰房在德胜门外中乡。鹰房有二，西鹰房地属郊西，其东鹰房在土城关（健德门遗址）外西北五里许，水磨村之东，今仅存其地名耳。" 雷思霈曾作《北郊鹰房诗》："辽城金垒古鹰房，羊角风沙接大荒，野窟旧无狐兔迹，小池今有芰荷香。" 由此看来，这鹰房之名起于辽代。而且，在辽代时，满井之泉就已经存在了。

《长安客话》说："原满井径五尺余，清泉突出，冬夏不竭，好事者凿石栏以束之，水常浮起散漫四溢。井旁苍藤丰草掩映小亭，都人诧为奇胜。"

1958年，我和小伙伴曾到满井去玩。满井西北侧有两棵大柳树，近旁并没有房屋。当时已没有井沿儿，只见一池清水，有七八尺大小，水池也不规则。池水是满的，但并不四溢。水是碧绿碧绿的，就像是湖泊的颜色，与普通井水不一样。

3. 牤牛桥的传说

牤牛桥原来叫"忙牛桥"，据说这桥是皇帝叫修的，修桥用的石块都是用牛从西山拉来的。因为工期紧，石块重，修桥时竟累死了九头牛，所以叫作"忙牛桥"。后来，这桥改叫了"牤牛桥"。据传说，桥北的塔院有一位老和尚养了一头牤牛，老和尚经常骑牤牛外出化缘，有时佛事太忙，就派牤牛驮上布袋独自外出化缘。人们见到牤牛，就如见到老和尚一样，把钱放到布袋里。后来有一天，牤牛化缘回来，在桥边休息，有人告诉它，老和尚已经圆寂了。牤牛听了，泪流满面，倒在地下就死了。人们为了纪念这头牛，就把这石桥改叫了"牤牛桥"。

牤牛桥距马甸一里多地。坐落在土城护城河上，南北走向。长有二十多米，宽有四米多。这是一座单孔石质拱桥，建于明朝。桥身和桥栏杆用大理石建成，桥面由大块的条石铺成。桥的拱度很高。整个桥体呈灰白色。我小时候见到时，桥体还非常坚固，由于桥面弧度高，外观上显得很雄伟。桥北右侧，有一古建筑院落，院内三间北房。院门口有一棵榆钱很大的山榆树，很粗的树干。院墙内长着几株青松。然而院门却总是紧闭着。有人说，这院子原来是朝廷收税的地方，也有人说，这是清朝末年才建成的院子，是一家私人住宅。

明朝初年，为了出行方便，人们把这里的土城挖开一个豁口，并在豁口北边的护城河上建了牤牛桥。这豁口就叫牤牛桥豁口。从德胜门过来的大道，经过西村，过牤牛桥，直到清华、海淀一带。这桥的修建年代应该早于1583年。因为在这一年，明朝万历时的慈圣皇太后派人顺着这条古道往西北走，过牤牛桥不远，修建了千佛寺，后世俗称塔院。

塔院里有一座很高大的砖塔。我小时候见到这塔时塔还很完整。我印象中这塔是密檐式七层砖塔，六面体，上面一层塔身开有窗口。塔顶为六面青瓦攒顶。远远看去，塔为青灰色。我小时候对这塔有点敬畏，因为长辈们告诉我，塔下镇压着一个海眼，如果没有这塔，海水就会喷出来把北京淹没。大人们可能是怕我们小孩子自己去塔院玩，就吓唬我们说，塔里有妖精，晚上会从塔的窗口飞出来捉小孩吃，那塔里都是人的骨头。我听了有点害怕。即使是白天，我站在土城上望着那青塔上黑洞洞的窗口，都想象会有妖精飞出来，所以我一直没有到过塔边。后来我知道，这塔的名字叫"普同塔"。

我在上小学时，常和同学到牤牛桥去玩儿。站在桥上，可以看见远处的西山，桥北塔院的青塔离得很近，高高地耸立着。南边是古城，北边是田野，桥下是流水，就像是一幅图画。

牤牛桥的位置在现在的花园路东侧，牡丹园西边一点儿。桥在20世纪60年代被拆掉了。

4. 皇亭子的传说

从马甸往西走三里多地就到了皇亭子。皇亭子有一座石碑，石碑上刻有"蓟门烟树"四个大字，据说，这碑上过去曾经有一个亭子，附近的人就把这里叫皇亭子。在马甸等几个村庄流传着一个故事，说是乾隆爷到土城上观山景，看见西北方向烟雾腾腾，心里吃了一惊，说声："不好，要出乱贼。" 乾隆就让身边的大臣出主意，要把这贼气压住。其他人都没有办法，刘罗锅站出来说："在这里建一座石碑，可以用来镇压贼气。这碑能压住大贼，一些土贼还是会在一百年后出来闹事。不过有石碑镇住，土贼也成不了气候。"乾隆听了刘罗锅的话，就在西土城上建了石碑和亭子。

过了一百多年，在石碑的西北方一带果然出了一帮土贼，他们在城北一带的村宅墙边，村头路口扫土，然后把土装进口袋。趁人不注意，进村偷人东西。我小时候也见过这种人，他们三五个人一伙，在墙根下扫土。据说这种地方的土中有硝，硝在农村的手工业中有很大作用，比如做鞭炮等。这些人如果不偷东西，也是一种正当职业。

还有一个传说，也是说乾隆皇帝在皇亭子里观山景，看见土城下有一个小村庄。村头有个姑娘在推碾子，姑娘穿着红色的上衣，长得很清秀，乾隆不转眼地看。刘罗锅走过来问乾隆："皇上，世上什么动物力量最大？"乾隆说："是大象吧。"刘罗锅说："不是大象，是那位姑娘，她能把龙的脖子扭过去。"

传说中的这座石碑现在还在，只是上边的亭子早已不存。这碑叫"蓟门烟树"碑。建在西土城蓟门豁口北侧。这碑建在两层台子之上，碑下是石质须弥座，碑的主体为一整块大理石，高约3米，宽1.03米，厚38厘米。碑额篆书"御制"两字，碑阳楷书大字"蓟门烟树"四字，是乾隆亲笔。碑阴刻乾隆行书七律一首。碑和亭建于乾隆十六年（1751年）。

5. 关公显圣

后黑寺大雄宝殿里坐有关公的塑像，位于大殿西侧。旁边有周仓牵马侍立。关公坐在这里是为了护持寺院。据说，这关公常常夜里外出斩杀妖魔，第二天早上，喇嘛会时常看见枣红马还浑身是汗，马蹄上还带有露水和泥土。寺里值夜的喇嘛有时还能看见关公骑着马在云里走。信众们对关公非常敬仰，拜过佛后就去拜关公。有一个小男孩不知道厉害，有一天，趁喇嘛没注意，小男孩爬到了枣红马的湿背上，喇嘛看见了赶紧叫他下来，可是来不及了。小男孩像被粘在马背上一样，动弹不得。喇嘛只好找来同伴一起念经，求关公原谅，才把孩子从马背上拉下来。这小孩子从此腰弯腿痛，一直到老了都没有好。这个传说，直到现在老人们还时常说起，都说确有其事。

第十六节　古墓地

在马甸清真寺西墙外及西北角墙外有一块墓地。这块地有五亩大，长方形，地中部隆起，四边低平，高差有一米多，就像是个扁的馒头一样。虽是墓地，却没有坟冢，但能种庄稼。在20世纪20年代这块地属于包姓人家。人们都称这块地叫包家坟地。这位包姓虽住马甸却不是回族。后来，包姓人家搬走了。在20世纪40年代，包姓将地卖给回族王家，王家租给别人耕种。到解放初期，回族王家又把地卖给新搬到马甸的一位汉族王姓农户，地里仍种庄稼。

1952年春，地里种了玉米。玉米苗长齐后，王姓农户叫自己四岁的小儿子来间苗。间苗就是把有用的苗留下来，把没用的苗拔掉。小孩子正在独自干活，这时有一辆马车走进地里，赶车人是一位五十多岁的老人，是西村的一个住户。老人来地里中部隆起的地方挖土，然后拉到西村煤厂去卖，一车土三块钱。老人见有主人家的小孩，犹豫了一下，但很快就动手挖土装车。

这个小孩子还没有认识到自己家的地别人不能挖土。孩子还小。老人一边挖土一边跟小孩聊天：“几岁啦？”“四岁。”“行几呀？”“行二。”“哥哥哪？”“锄地去了。”老人于是哄孩子说：“咱们家大爷能锄地，咱们家二爷能间苗，可都是好孩子。”说话之间已经装了半车土。忽然老人从土里挖出一个坛子，平底大肚，底和口都小，有两尺多高，坛肚直径有一尺多。坛子是陶制的，但质地很硬，有点像缸。坛口封着。老人打开封口，里边是人的骨灰以及没有烧尽的碎骨头。坛里很干，没有进水。过一会儿，老人又挖出一个同样的坛子，打开看里面也是人的骨灰……

这样看来，这块墓地的初始主人不是近代汉族人也不是回族人，因为他们的丧葬习俗都不是这样的。应该也不是近代清朝的满族人，满族人的丧葬习俗也不是这样。也许这是很久以前北方某个少数民族的墓地。

为此事我曾向马甸附近的文理学院的专家请教过，这位专家告诉我，这种用陶罐装火葬骨灰的方式在宋朝时曾经很流行。但因为实物早已不存，不能确认那就是宋朝时的墓葬。

也许当年包姓墓地主人并不知道在那高地下埋有火葬用的坛子。

第十四章　马甸拆迁

　　马甸是在1994年开始进行危房改造的，由冠海公司负责。10月份动员拆迁，丈量房屋面积，居民拿租房补贴，办理搬迁手续。

　　马甸居民可以回迁，改住楼房。也可以迁到远一点的马连洼去住。冠海公司动员居民到马连洼去住，条件是多给房屋面积。但绝大多数人都不愿意去，毕竟故土难离。再说了，马连洼离城远，也不方便。

　　拆迁分几个阶段，西村先拆，然后拆马甸前街西侧和马甸后街。接着再往北拆居民区。前街东侧的居民，过了几年才拆完。

　　马甸拆迁时，回族群众强烈要求保留清真寺。这一要求得到政府的支持，清真寺被完整地保留了下来。同时保留的还有马甸小学。

　　拆迁时，马甸前街作为道路被保留下来。原来前街的小河被改为暗河，地下埋了很粗的管道。前街的地面被垫高，高度与清真寺基本持平。路面铺上柏油。原来的马甸前街现在成了一条很宽的柏油路。路东边是马甸公园，路西则建起了许多高楼大厦。

　　马甸原居民回迁后，大多集中在玉兰园和月季园。玉兰园是回民小区，建在马甸原西后街一带。马甸的回族居民回迁后，差不多都住在这里。玉兰园离清真寺很近，这是应回民的要求把回族小区建在这里的；月季园建在西村的中部和北部，由于楼房多，分为一区、二区两个区。马甸的其他原居民，大都回迁在月季园里，也有一部分居民迁到了马连洼。

　　在马甸前街东侧，建起了一座公园，叫"马甸公园"。公园建得很漂亮，有儿童乐园、健身场、50米标准跑道、乒乓球、羽毛球和篮球等场地，还有水池和喷泉等，道路用花岗石铺设。马甸及附近的居民，都爱在这里散步、游玩。

　　马甸公园的东边，是德胜门到八达岭的高速公路，现在叫京藏高速路，其前身就是原马甸东后街的德清路。

　　1961年，在中山林场的北部，砍伐了一部分树木，修了一条简易的东西向公路，公路从林场中穿过，把林场分成了两部分。这条简易公路后来经过扩展，就是现在的三环路。三环路以南是西城区，以北是海淀区。到1980年左右，中山林场的树木大部分被砍掉了，盖起了各式楼房，只在林场南部留下很小的一部分柏树林。原来中山林场西部的苗圃被改作公园，现在叫双秀公园。

　　从前的马甸村消失了。作为一个村子的历史也暂时告一段落。在这段历史中，

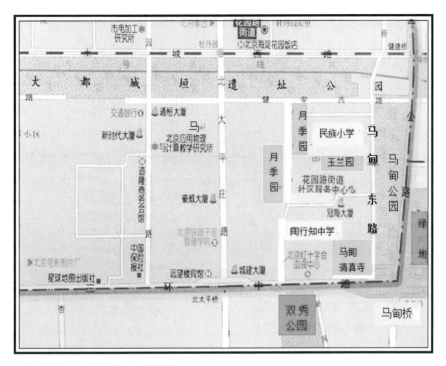

马甸月季园小区和玉兰园小区位置图

本图说明：

1．马甸村拆迁后原居民大都回迁至马甸月季园小区和玉兰园小区。

2．玉兰园小区位置是原马甸村前街西侧和马甸堂子胡同一带。

3．月季园小区位置是原马甸西村的位置。

4．马甸公园是原马甸村前街东侧的商贸区和居民区。

5．民族小学是原后黑寺遗址。

6．陶行知中学是原前黑寺遗址。

7．"马甸东路"是原来马甸村的前街。

8．马甸桥东北角的绿地是原马甸东后街。

9．双秀公园是原中山林场的一部分。

我认为发生在清末民初的"近代回教第一次自觉的文化运动"是马甸村一个极其重要的事件。

马甸中山林场残留下来的一片柏树林

　　它的重要性在于，这场运动使得马甸的回族群众能够冲破千百年的陈规旧律和思想束缚，从而跟上全国各族群众的前进步伐。

　　这场运动的特点在于，它是在回族群众所特有的宗教信仰和宗教文化的氛围中破旧立新而完成的。这需要极大的勇气和智慧！

　　这场运动不是偶然发生的。它是行驶在当时的经济基础和政治环境之河中的一只船。如果没有当时全国的思想解放，就不会有这次的回教文化运动。

　　这场运动不是温文尔雅的，它是在回族内部的先进人物与落后人士的激烈的、乃至流血的斗争中完成的。如果没有王浩然、张子文、李廷相、丁宝臣、丁子良、丁子瑜等回族内部先进人物的努力，这个文化运动是不可能成功的。

　　现在，马甸的原貌差不多都改变了，只有神圣的清真寺在古树的簇拥下，仍然矗立在村南。历经沧桑的元代土城披着绿装延伸在村北。这些古老的建筑，向人们展示着马甸悠久的历史和曾有的繁华。

2015年3月

主要参考文献

（明）宋濂、王祎主编：《元史》，书局出版1976年。

（清）于敏中等编纂：《日下旧闻考》，北京古籍出版社1983年。

北京市海淀区地方志编纂委员会编：《北京市海淀区志》，北京出版社2004年。

北京市海淀区东升乡志编纂委员会编：《东升乡志》，学苑出版社2011年。

北京市海淀区太平庄村史编委会编：《历史的记忆》，学苑出版社2012年。

刘书广主编：《水和北京·永定河 》，方志出版社2004年。

任牧辛主编：《保定军事学堂纪实》，中国文史出版社 2000年。

河北省政协、保定市政协主编：《保定陆军军官学校》，河北人民出版社1967年。

张君毅：《吴佩孚传》，新华出版社1987年。

郭剑林：《吴佩孚传》，北京图书馆出版社2006年。

张巨龄："清末民初回族兴业扶贫概述"，《宁夏大学学报》（人文社科版）2000年第1期。

中共海淀区委花园路街道工作委员会，海淀区人民政府花园路街道办事处，北京联合大学应用文理学院编著：《北京市花园路地区历史与文化研究》，学苑出版社2015年版。

北京市档案馆

档案号：J004-003-885，西郊私立广育小学，1909年

档案号：J004-003-884，北郊私立广育第二小学校，1917年

档案号：J004-003-905，北郊私立广育第二小学校，1917年

档案号：J004-003-0080，北郊马甸清真寺学校，1921年

档案号：J004-003-091，北郊私立广育第二小学校，1925年

档案号：J181-021-4864，马甸税所，1929年

档案号：J011-001-390，"中山纪念林"碑，1929年

档案号：J181-031-3741，丁子瑜官司，1932年

档案号：J181-031-0795，丁子瑜官司，1932年

档案号：J004-003-167，德外马甸短期小学，1938年

档案号：J004-003-856，北郊西村短期小学，1939年

档案号：J004-003-525，北郊西村简易小学，1946年

档案号：J004-003-530，北郊西村简易小学，1946年

档案号：J181-006-2641，马甸户口登记，1947年

档案号：J181-006-2595，马甸东后街户口登记，1947年

海淀区档案馆

档案号：04-107-47，1964年马甸生产队阶级成分

档案号：57-102-37，马甸清真寺

档案号：57-104-547，马甸清真寺

后 记

本书的资料收集和写作开始于2005年。

在收集资料过程中，作者访问了马甸村的许多父老乡亲，他们给了我很大的帮助。在此，作者向姜文忠、吴玉华、赵德清、马崇华、贾宝增、吴铎以及许多位不知名的老人表示感谢。

本书在写作过程中，得到回族史学家张巨龄教授的帮助，他为本书提供了许多史料，在此对张教授表示感谢。

本书的一些章节，曾经独自成章地在《海淀史志》和《海淀文史选编》等刊物上陆续发表过。由于篇幅有限，那些文章只是反映了马甸村的一个方面。现在，作者把这些文章重新修改补充，并增加了几个章节，组成一个比较完整的有关马甸村的故事。

本书所描述的故事主要有三个来源。一是来自北京市档案馆和海淀区档案馆的资料，二是来自本村乡老的口述历史和作者的亲身经历，三是查阅有关马甸的文献。

在写作过程中，作者虽然力求尊重史实，重现历史的真实面目，但由于有些资料属于口述历史，难免有疏漏甚至错误之处，敬请读者谅解并给予指正。